国家级职业教育规划教材
人力资源和社会保障部职业能力建设司推荐

高等职业技术院校物流管理专业教材

物流采购业务与管理

人力资源和社会保障部教材办公室 组织编写

主编 钟 鸣
朱文涛

中国劳动社会保障出版社

图书在版编目(CIP)数据

物流采购业务与管理/钟鸣，朱文涛主编. —北京：中国劳动社会保障出版社，2012
高等职业技术院校物流管理专业教材
ISBN 978-7-5045-9900-1

Ⅰ.①物…　Ⅱ.①钟…②朱…　Ⅲ.①物流-采购管理-高等职业教育-教材　Ⅳ.①F253.2

中国版本图书馆 CIP 数据核字(2012)第 234064 号

中国劳动社会保障出版社出版发行

（北京市惠新东街 1 号　邮政编码：100029）

出 版 人：张梦欣

*

北京谊兴印刷有限公司印刷装订　新华书店经销

787 毫米×1092 毫米　16 开本　9.75 印张　224 千字

2013 年 2 月第 1 版　　2025 年 8 月第 4 次印刷

定价：18.00 元

营销中心电话：400-606-6496

出版社网址：http://www.class.com.cn

前　言

近几年，随着国民经济的飞速发展，我国物流行业进入了一个新的发展阶段，物流企业的运营方式、业务流程、技术手段、服务质量等不断向标准化、专业化、规模化、社会化、信息化的方向发展。为了适应物流行业的发展，培养更加符合企业需求的专业技能人才，我们组织一批教学经验丰富、实践能力强的教师与行业、企业的专家，在认真分析物流企业岗位需求和完善课程教学方案的基础上，编写了一套新的物流管理专业教材。与2006版教材相比，新版教材体系更加完善并采用了理实一体化的编写思路。目前，两套教材可较好地满足高等职业技术院校不同的教学需求，各校可根据自身的教学条件、课程设置等进行选择。

本套教材共计15种，分别为《物流基础》《物流法律法规》《物流经济地理》《物流信息技术应用》《物流设施与设备》《物流仓储业务与管理》《物流配送业务与管理》《物流仓储与配送实务》《物流运输业务与管理》《物流采购业务与管理》《物流客户服务与管理》《物流成本管理》《物流市场营销》《国际货运代理》和《报检与报关》，其中《物流仓储与配送实务》教材是为了满足部分院校将仓储、配送两门课程合并教学的需要而开发的。

在教材组织编写工作中，我们坚持了以下原则：

第一，突出职业特色，从职业岗位分析入手，合理构建教材的知识和技能结构，注重对学生实践能力的培养，提高教材的针对性和适用性。

第二，突出行业特色，根据物流行业的发展现状，尽可能多地在教材中体现新知识、新技术和新方法，提高教材的先进性，使教材具有鲜明的时代特征。

第三，突出职业资格证书与学历证书并重的精神，力求使教材内容涵盖助理物流师国家职业标准的相关要求。

第四，突出可接受性，在教材编写方面，力求文字表达通俗易懂，并尽量采用以图代文、以表代文的表现形式，激发学生的学习兴趣。

在本套教材的编写过程中，有关省市教育部门、人力资源和社会保障部门以及一批高等职业技术院校给予我们有力的支持，教材的主编、参编、主审等有关人员做了大量的工作，在此，我们表示衷心的感谢！同时，恳切希望用书单位和广大读者对教材提出宝贵的意见和建议，以便修订时加以完善。

人力资源和社会保障部教材办公室

2013年1月

简 介

本书为国家级职业教育规划教材，由人力资源和社会保障部教材办公室组织编写。

本书根据高等职业技术院校物流管理专业的教学实际，采用任务驱动的编写思路，以采购实际业务流程为主线，设置不同的典型业务工作为任务，强化对学生采购技能的培养和训练，主要内容包括：认识采购、确定采购需求、编制采购计划及预算、选择供应商、采购谈判、签订采购合同、管理采购质量、评估采购绩效、招标采购及采购技术等。

本书由钟鸣、朱文涛担任主编，刘金东、崔清担任副主编，阮清方、王晓望参加编写，全书由周晓刚主审。

目　录

模块一

认识采购

学习目标

1. 掌握采购和采购管理的基本内容；

2. 具有依据采购原则进行不同类型企业采购流程调研的能力。

一、采购概述

采购包含两个基本含义：一是“采”，即采集，是从众多的对象中进行选择；二是“购”，即购买，是通过商品交易手段把所选定的对象从对方手中转移到自己手中。

一般来说，采购是指企业在一定的条件下从供应市场获取产品或服务作为企业资源，以保证企业生产及经营活动正常开展的一项企业经营活动。需要从以下几个方面进行理解：

1. 所有采购，都是从资源市场获取资源的过程

无论是在生活中还是生产中，采购的意义，就在于能够解决他们所需要但是自己又缺乏的资源问题。这些资源，包括生活资料，也包括生产资料；包括物资资源（例如原材料、设备、工具等），也包括非物资资源（例如信息、软件、技术、文化用品等）。能够提供这些资源的供应商，形成了一个资源市场。而从资源市场获取这些资源，则是通过采购的方式。也就是说，采购的基本功能，就是帮助人们从资源市场获取他们所需要的各种资源。

2. 采购，既是一个商流过程，也是一个物流过程

采购是将资源从资源市场的供应者手中转移到用户手中的过程。在这个过程中，一是要实现将资源的所有权从供应者手中转移到用户手中，二是要实现将资源的物质实体从供应者手中转移到用户手中。前者是一个商流过程，主要通过商品交易、等价交换来实现商品所有权的转移。后者是一个物流过程，主要通过运输、储存、包装、装卸、流通加工等手段来实现商品空间位置和时间位置的转移，使商品实实在在地到达用户手中。采购过程，实际上是这两个方面的完整结合，缺一不可。只有这两个方面都完全实现了，采购过程才算完成了。因此，采购过程实际上是商流过程与物流过程的统一。

3. 采购，是一种经济活动

采购是企业经济活动的主要组成部分，在整个采购活动过程中，一方面，企业通过采购，获取了资源，保证了正常生产的顺利进行，这是采购的效益。另一方面，在采购过程中，也会发生各种费用，这就是采购成本。要追求采购经济效益的最大化，就要不断降低采购成本，以最少的成本去获取最大的效益。而要做到这一点，关键就是要努力追求科学采购。科学采购是实现企业经济效益最大化的基本利润源泉。

二、采购类型

1. 按采购主体分类

（1）个人采购

个人采购，是指个人生活用品的采购。一般是单一品种、单次、单一决策、随机发生的。带有很大的主观性和随意性。即使采购失误，也只影响个人，造成的损失不至于太大。

（2）集团采购

集团采购，一般是指两个以上的人共用的用品的采购。一般是多品种、大批量、大金额、多批次甚至持续进行的，直接关系到多个人的集团利益，所以，往往由集团决策。一旦采购决策失误，将对集团造成较大损失。因而，集团采购一般要非常慎重、非常严格、非常科学，故此也非常受到重视。家庭采购，可以算是集团采购。但典型的集团采购，主要是指企业采购、政府采购、事业单位采购、军队采购等。这些不同类型的采购，有一些共同点，又有不同点。其中企业采购，是关系到国民经济的主体部分。根据企业类型不同，又分成流通企业采购和生产企业采购，流通企业主要是从事商品流通工作的，包括物资企业、商业企业，又分别包括批发企业、零售企业等。生产企业主要是从事商品生产的企业。生产企业和流通企业在采购模式上有共同点，也有相互不同的特点。

2. 按采购方法分类

采购按采购方法可以分成传统采购和科学采购两大类。科学采购又包括订货点采购、MRP 采购、JIT 采购、供应链采购和电子商务采购技术等。

（1）传统采购

企业的传统采购模式一般是，每个月的月末，企业各个部门报下个月的采购申请单，报下个月需要采购的物资的品种数量，然后采购科把这些表汇总，制订出统一的采购计划，并于下个月实施采购。采购回来的物资存放于企业的仓库中，满足下个月对各个单位的物资供应。这种采购，以各个单位的采购申请单为依据，以填充库存为目的，管理比较简单、粗糙，市场响应不灵敏、库存量大，资金积压多、库存风险大。

（2）科学采购

1）订货点采购。是紧密根据需求的变化和订货提前期的大小，精确确定订货点、订货批量或订货周期、最高库存水准等的方法。通过该方法可建立起连续的订货启动、操作机制和库存控制机制，达到既满足需求又使得库存总成本最小的目的。这种采购模式以需求分析为依据，以填充库存为目的，采用一些科学方法，兼顾满足需求和库存成本控制，原理比较科学，操作比较简单。但是由于市场的随机因素多，使得该方法同样具有库存量大、市场响应不灵敏的缺陷。

2）MRP（Material Requirement Planning，物料需求计划）采购。主要应用于生产企业。它是生产企业根据主生产计划和主产品的结构以及库存情况逐步推导出生产主产品所需要的零部件、原材料等的生产计划和采购计划的过程。这个采购计划规定了采购的品种、数量、采购时间和采购回来的时间。计划比较精细、严格。它也是以需求分析为依据，以满足库存为目的。它的市场响应灵敏度及库存水平都比以上方法有所进步。

3）JIT（Just In Time，准时化）采购。也称准时化采购，是一种完全以满足需求为依据的采购方法。它要求供应商恰好在用户需要的时候，将合适的品种、合适的数量送到用户需求的地点。它以需求为依据，改造采购过程和采购方式，使它们完全适合于需求的品种、需求的时间和需求的数量，做到既灵敏响应需求的变化，又向零库存趋近。这是一种比较科学、比较理想的采购模式。

4）供应链采购。准确地说，是一种供应链机制下的采购模式。在供应链机制下，采购不再由采购者操作，而是由供应商操作。采购者只需要把自己的需求规律信息即库存信息向供应商连续及时地传递，供应商根据其产品的消耗情况不断及时连续小批量补充库存，保证既满足采购者需要又使总库存量最小。供应链采购对信息系统、供应商操作要求都比较高。它也是一种科学的、理想的采购模式。

5）电子商务采购。也就是网上采购，是在电子商务环境下的采购模式。它的基本特点是，在网上寻找供应商、寻找品种，网上洽谈贸易，网上订货并在网上支付货款，但是在网下送货进货。这种模式的好处是，扩大了采购市场的范围，缩短了供需距离，简化了采购手续，减少了采购时间，减少了采购成本，提高了工作效率，这是一种很有前途的采购模式，但是它进一步发展要依赖于电子商务的发展和物流配送水平的提高。

三、采购过程和要求

1. 采购过程

以企业传统采购为例，一个完整的采购过程包括以下步骤：

（1）接受采购任务，制作采购单

这是采购工作的任务来源。通常是企业各个部门把物资需求报到采购科，采购科把所要采购的物资汇总，再分配到各个采购员，采购科给各个采购员下采购任务单。也有很多是采购科根据企业的生产销售的任务情况，自己主动安排各种物资的采购计划，给各个采购员下采购任务单。

（2）制订采购计划

采购员在接到采购任务单之后，要制订具体的采购工作计划。首先进行资源市场调查，包括对商品、价格、供应商的调查分析；然后选定供应商，确定采购方法、采购日程计划以及运输方法、货款支付方法等。

（3）根据既定的计划联系供应商

有的供应商可能要出差去联系，有的供应商要通过电话、电子邮件等方式联系。

（4）与供应商洽谈、成交，最后签订订货合同

这是采购工作的核心步骤。要和供应商反复进行磋商谈判，讨价还价，讨论价格、质量、送货、服务及风险赔偿等各种限制条件，最后把这些条件用订货合同的形式规定下来，形成订货合同。订货合同签订以后，才意味着此次订货完成。

（5）运输进货及进货控制

订货成交以后，就是履行合同，即开始运输进货，运输进货任务可以由供应商承担，也可以由运输公司承担，或者由采购员自己提货。采购员要督促、监督进货过程，确保按时到货。

（6）到货验收、入库

到货后，采购员要督促有关人员对货物进行验收和入库，包括对数量和质量的检验和合格后货物的入库。

(7) 支付货款

货物到达后按合同规定支付货款。

(8) 善后处理

一次采购完成以后，要进行采购总结评估，并妥善处理好一些未尽事宜。

以上只是对采购过程的一个大致描述，不同类型的企业，在采购时又有不同的特点，具体步骤内容都不相同。例如，生产企业和流通企业就相互不同。

2. 采购要求

生产企业的采购，是为生产服务的，采购回来的东西，要能够加工或装配成自己的合格产品。因此，他们对供应商、所订货物及交货期的要求都很苛刻。

首先，他们要求所订货物符合质量要求，而且要长期稳定，以保证他们自己能够用供应商提供的产品顺利生产。为此，为确定是否要从某供应商处采购某个产品，一般要求供应商先提供样品（称作“素样”）试用，试用合格后，还要考察一段时间，在这一期间，会反复进行质量检验，只有质量合格且稳定，才能确定选用该供应商的产品。

其次，他们对交货期要求较严格，要求准时送货。生产企业是连续生产，生产过程中不允许缺货，缺货就会影响生产；也不允许超量进货，超量进货会增加仓储负担，增加费用。所以，他们要求供应商适时适量供货，也就是准时供货。这对生产企业特别重要，这也是他们对采购所提出的必然要求。

鉴于以上两条，生产企业采购就必然对供应商有苛刻的要求，要求他们有足够的生产能力，有产品质量保证体系，能准时送货，另外还要讲信誉，有一定管理水平和技术水平。只有满足上述条件，生产企业采购才能最后得以实现，供应者和生产企业才能维持长期稳定的供需关系。综上可知，生产企业采购程序的每一步都应很谨慎、严格，所以难度大、周期长。

与生产企业采购相比，流通企业采购程序的每一步都要简单得多、周期也短得多。流通企业的采购目的，是为销售服务的，即采购回来的东西，是为了卖给别人，他们自己不是最终用户。对于所采购的商品，没有特别苛刻的要求，只要符合某个品种某种规格的质量要求就可以了。对于货物质量的检验与考核，也没有生产企业那么严格。对于运输进货，交货期也不要求那么苛刻。时间上早到一天、晚到一天，货物到多一点、到少一点，都是可以接受的。

四、采购管理

1. 采购管理的含义

在日常生活中常常有人把采购管理与采购不加区别、混为一谈，也就是对什么是采购管理不是很清楚。问题的重要性在于，如果不能认清什么是采购管理，就不可能很清楚地认清采购管理工作的内容、职能和意义，也就不能认清采购管理在企业中的地位和作用，也就不可能搞好企业采购管理工作。

采购管理，是指为保障企业物资供应而对企业采购进货活动进行的管理活动。

2. 采购管理的目标

(1) 适时适量

适时适量，这是采购非常重要的目标之一。采购供应不是把货物进得越多越好，也不是进得越早越好。货物进少了，企业没有充足的物资供应，会影响生产，这当然不行；但是货物进得过多，不但占用了较多的资金，而且还要增加仓储，增加保管费用，造成浪费，使成本升高，这也是不行的。货物进迟了不行，会造成缺货；但是进早了也不行，进早了，就等于增加了存储时间，相当于增加了仓储、保管费用，同样增加了成本，这也是不行的。因此要求采购适时适量，就是要求采购做到既保证供应，又使成本最小。

（2）保证质量

保证质量，就是要保证采购的货物能够达到企业生产所要求的质量标准，保证企业用它生产出来的产品不会因货物质量问题而不合格。保证质量，也要做到适度。质量太低，当然不行；但是质量太高，一是没有必要，二是必然价格高、增加购买费用，也是不划算的。所以要求在保证质量的前提下尽量采购价格低廉的物品。

（3）费用最省

费用最省，要始终贯穿于采购的方方面面。在采购中每个环节、每个方面都要发生各种各样的费用。购买时有购买费用，进货时有进货费用，检验入库时有检验费用、入库费用，搬运时有搬运费用、装卸费用，在仓库中储存保管时有保管费用，库存物资资金还需要付银行利息等。因此在采购的全过程中，要运用各种各样的采购策略，使总的采购费用最小。

3. 采购管理的作用

采购要实现企业与资源市场的纽带作用，就要建立与资源市场的友好和有效的关系。

可以说，资源市场是企业的生命线。它不但是企业的物料来源，也是资源市场信息的来源。作为物料来源，它是企业通过采购人员的采购活动为企业生产适时地提供原材料、设备和工具，保障企业生产得以顺利进行；作为信息来源，也是企业通过采购人员的采购活动与资源市场广泛接触，了解资源市场的产品信息、技术水平信息、发展动态信息、运输信息等，这些信息对企业都非常重要。

（1）为制定最优的采购策略本身提供支持，企业可以利用这些信息选择最好的供应商、最好的产品和最好的运输路线、运输方式，进行最有效率的采购。

（2）资源市场中资源的发展变化动态、技术动态信息等，对企业随时制定和调整产品策略、对企业生产决策提供有力的支持。企业应当根据资源的发展变化来随时调整的产品策略和生产策略。

（3）有利于与供应商建立起一种比较友好的关系，为企业的采购和企业生产提供一种比较宽松的、高效率的外部环境条件。现在出现的一种供应链思想，其核心就是要建立起企业与供应商之间的高效率的运作体系。因此，采购的一个重要职能，就是要通过采购人员建立起与资源市场的各个供应商之间的友好、宽松、有效的供应链关系。

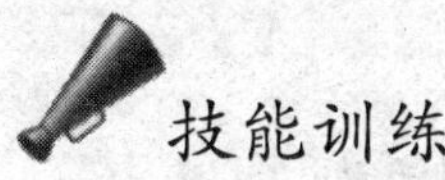

技能训练

企业采购调研

一、训练目标

1. 了解不同类型企业采购的地位和作用。

2. 认识企业的采购模式。

3. 熟悉企业的采购流程及采购原则。

二、训练步骤

1. 选择校内外各类企业若干家，包括商业连锁企业、小型商业企业、大型工业企业、小型工业企业等。

2. 独立调查，收集企业采购的相关资料（采购现状、方式、地位与作用、相关规定）。

3. 6～8人一组，交流调查收获，研讨企业采购流程，绘制企业采购流程图，推荐交流代表。

4. 全班交流，互相提问。

5. 选取优秀调查员。

三、注意事项

1. 调查过程中的安全、文明礼貌。

2. 提倡收集企业采购中的真实故事。

四、评分标准

1. 企业采购调研报告是否包括企业采购现状、采购方式、采购地位与作用、采购相关规定等（50分）。

2. 企业采购流程图设计是否全面、合理（50分）。

思考与练习

一、选择题

1. 下列不是采购作业应遵循之基本原则的是（　　）。

A. 合理的价格　B. 合适的物料　C. 大量采购　D. 适当的数量

2. 良好的采购制度，应以（　　）为衡量标准。

A. 价格便宜　B. 品质优良　C. 整体效益　D. 方便性

3. 在采购基本要求中，对物品的采购，应以（　　）为最后考虑内容。

A. 价格　B. 品质　C. 服务　D. 佣金

4. 采购是（　　）。

A. 商流　B. 物流

C. 商流与物流的统一　D. 既不是商流也不是物流

5.（　　）不是采购管理的目标之一。

A. 供应商管理　B. 适时适量

C. 寻求最低价格　D. 确保最高质量

6.（　　）是对整个企业采购活动的计划、组织、指挥、协调和控制活动。

A. 采购　B. 供应商管理

C. 企业管理　D. 采购管理

二、判断题

1. 企业采购是最重要、最主流的采购。（　　）

2. 所有采购都是从资源市场获取资源的过程。（　　）

3. 采购是一种经济活动，应遵循经济规律，追求经济效益。（　　）

4. 采购就是采购管理。（　　）

5. 采购管理的根本目标就是使企业具有充足的库存，因此，只要企业资金允许，采购部门一定要多采购。（　　）

6. 供应商管理也是采购部门的职能之一。（　　）

7. 在采购的全过程中，应运用各种各样的采购策略，使总的采购费用最小。（　　）

8. 采购在企业中具有重要地位，因此，企业设计采购组织时，应多设采购机构，以保证特殊需要。（　　）

三、简答题

1. 按组织形式，采购分为哪些类型？

2. 简述采购的基本程序。

模块二

采购计划

任务1　确定采购需求

学习目标

1. 掌握确定采购需求的方法；
2. 具有分析企业采购需求的能力。

任务引入

FBI-RR3型自行车是OYM公司决定试生产的新车型（见图2—1—1），其主产品结构如图2—1—2所示，主产品生产计划见表2—1—1。

图2—1—1　FBI-RR3型自行车

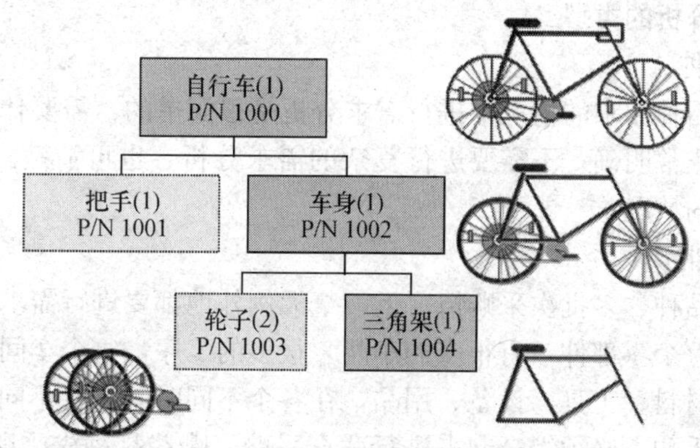

图 2—1—2　FBI-RR3 型自行车主产品结构图

表 2—1—1　　FBI-RR3 型自行车主产品生产计划表

时期（周）	第 1 周	第 2 周	第 3 周	第 4 周	月合计
FBI-RR3 型自行车（件/周）	25	15	20	15	75
FBI-RR3 型自行车把手（件/周）	5		5		10
FBI-RR3 型自行车轮子（件/周）		10		20	30

试根据上述信息，对下月试生产新车型 FBI-RR3 型自行车的采购项目进行需求分析。

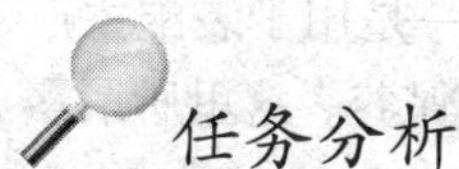

任务分析

确定采购需求是整个采购运作的第一步，也是进行其他采购工作的基础。企业在进行采购时，首先需要解决采购什么、采购多少和什么时候采购等问题，也就是要解决采购员所代理的全体需求者们究竟需求什么、需求多少和什么时候需要的问题。企业依据采购需求分析结果，才能进行采购计划编制，并进行采购数量的计算和确认，以此作为企业预算的基础，制定出企业的采购预算。

相关知识

一、采购需求分析的目的

采购需求分析的目的就是要弄清楚需要采购什么、采购多少。采购管理人员应当分析需求的变化规律，根据需求变化规律，主动地满足用户需要。即不需用户自己申报，采购管理部门就能知道用户什么时候需要什么品种、需要多少。因而可以主动地制订采购计划。

二、采购需求分析的类型

1. 单次单一品种

在单次、单一品种需求的情况下进行需求分析是很简单的，需要什么、需要多少和什么时候需要的问题，非常明确，不需要进行复杂的需求分析，也可清楚。通常说的采购活动，有很多是属于这样的情况。

2. 多品种、多批次

在较复杂的多品种、多批次采购情况下，毫无例外地都要进行需求分析。例如，一个汽车制造企业，有上万个零部件，有很多的车间、很多的工序，每个车间、每个工序生产这些零部件，都需要原材料、工具、设备、用品，在各个不同时间需要不同的物料，企业不可能一个一个地去单独采购，必须综合起来进行联合采购。哪些品种先采购、哪些品种后采购、采购多少等问题，需要采购管理部门去研究，找出需求的规律，然后根据需求规律去主动地进行采购，确定什么时候去采购什么、采购多少。

三、采购需求分析的方法

1. 推导分析法

推导分析就是根据企业主生产计划来进行需求分析，得出各种原材料、零部件的需求计划的过程。推导分析不能够凭空想象，也不能靠估计，一定要进行严格的推算。推算所依据的主要资料和步骤过程如下：

（1）制订主产品生产计划

1）主产品的生产计划。这个计划主要是根据社会对主产品的订货计划生成的，对于那些订货制生产企业来说，一般都是这样。但是对于那些库存制生产企业来说，这个主产品生产计划是靠预测、靠经营计划而生成的。

2）零部件的生产计划。在生产企业中，零部件的生产有两个用途，一是用于装配主产品；二是提供给社会维修企业，对社会上处于使用状态的主产品进行维修保养。这里所谓零部件的生产计划，主要是指社会维修业所提出的零部件的订货计划。

（2）制定主产品的结构文件

就是要求出装配主产品需要哪些零件、部件、原材料，哪些要自制，哪些要外购，自制件在制造过程中又要采购什么零件、部件、原材料等。这样逐层求出主产品的结构层次。每一个层次的每一个零部件都要标出需要数量、是自制还是外购以及生产提前期或采购提前期。所有自制件都要分解到原材料层次，这些原材料层一般是最底层的、需要采购的。

由这个主产品结构文件可以统计得出一份完整的资料，即为了在某个时间生产出一个主产品需要分别提前多长时间采购一些什么样的零件、部件和原材料，需要采购多少。把这份资料汇总成一个表，就是主产品零部件生产采购一览表。

（3）制定库存文件

到仓库保管员处调查了解主产品零部件生产采购一览表中所有各个零件、部件、原材料的现有库存量以及消耗速率，可得到一个主产品零部件库存一览表。

下面通过一个例子进行说明。

某企业的产品 A 由两个 B 和一个 C 构成。而一个 B 由一个 D、两个 E 构成，一个 D 又由一个 F 加工而成，其中 C，E，F 都是由外购获得。主产品的结构文件如图 2—1—3 所示。

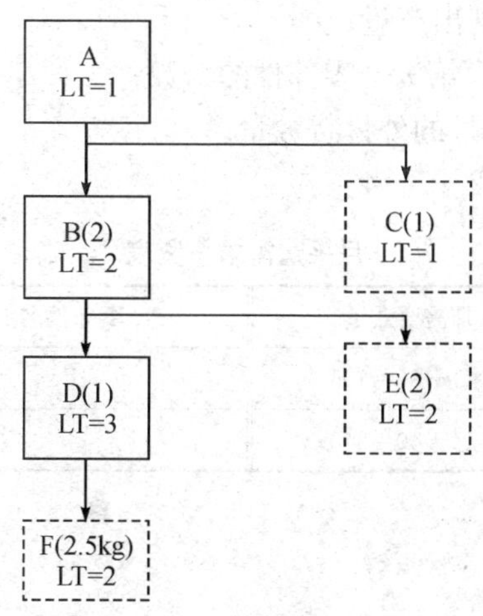

图 2—1—3　主产品结构图

图 2—1—3 中，A，B，C，D，E，F 为产品，括弧内的数字表示一个上级产品中所包含的本产品的件数，而 LT 表示提前期，单位为天。虚线框表示外购件，实线框表示自制件，由主产品结构文件可以得到主产品 A 零部件生产采购一览表，见表 2—1—2。

表 2—1—2　　主产品 A 零部件生产采购一览表

零部件名	数　量	自　制	外　购	提前期（天）
B	2	√		2
C	1		√	1
D	2	√		3
E	4		√	2
F	2.5×2=5 kg		√	2

制订主产品生产计划，见表 2—1—3。

表 2—1—3　　主产品 A 生产计划表

时期（周）	第 1 周	第 2 周	第 3 周	第 4 周	月合计
外订 A（件/周）	25	15	20	15	75
外订 C（件/周）	15		15		30
外订 E（件/周）		20		20	40

表 2—1—3 包括了主产品的生产计划，也包括了其他单位维修企业对零部件 C、E 的订货计划。

根据主产品 A 生产计划表和主产品 A 零部件生产采购一览表确定需要采购的零部件和原材料，然后确定下月的需求量。第 i 个品种下月需求量由如下公式确定：

$$P_i = P \times n_i + P_{oi}$$

式中　P_i——第 i 个零部件下月需求量；

P——主产品下月的计划出产量；

n_i——一个主产品中包含第 i 个零部件的个数；

P_{oi}——第 i 个零部件下月的外订货数量。

制成月采购需求表，见表 2—1—4。

表 2—1—4　　月采购需求一览表

零部件名	下月需要数量	零部件名	下月需要数量
C	75×1+30=105	F	5 kg×75=375 kg
E	75×4+40=340		

2. 统计分析法

（1）采购申请单汇总统计

这种方法要求下属各个单位每月提交一份物料请购单，提出每个单位下月的采购品种和数量。然后采购部门对这些表进行统计汇总，统计出下月总的采购任务表，再根据此表制订下个月的采购计划。

这种方法的优点是：

1）操作简单。由于它们的需求时间都相同，而且需求时间都有一个月之长，所以表项汇总就很简单，只要把各个表中的不同品种照抄，相同品种的需求数量相加就可以得到下个月汇总的采购任务表。

2）容易完成采购任务。因为时间单位是一个月，在那么长的时间内完成采购任务绰绰有余。

这种方法的缺点是：

1）市场响应不灵敏。因为采用这种方法往往是一个固定周期采购一次，如一个月，如果在这段时间内市场需求发生了变化，企业采购的物资很可能就没有需求或需求很少了，这会带来潜在的浪费。

2）库存负担重，风险大。因为一个月采购一次，必然使采购的批量大，用以供应的时间长，引起物资库存量增大，加大库存成本。

表 2—1—5 所示为物料请购单。

表 2—1—5　　物料请购单

日期：201__年　月　日

请购部门：________　请购单编号：________

序号	物资名称	规格、型号	单位	用途	库存量	需用量	请购数量	核准数量	入库期限

审批人：　　　　制单人：

（2）单位销售日报表统计

对于流通企业来说，每天的销售是用户对企业物资的需求，需求速率的大小反映了企业物资消耗的快慢，因此由每天的销售日报表就可以统计得到企业物资的消耗规律。消耗的物资需要补充，也就需要采购，因此物资消耗规律也就是采购需求的规律。

3. 采购物品 ABC 分析法（80/20 法则）

一个生产企业，有主产品，有辅助产品，都需要各种各样的原材料和零配件。加工过程需要能源、机器、设备、工具等。一个企业除了生产所需要的物资外，还要有办公用品、生活用品等，因此需要采购的物资品种是很多的。但是这些物资的重要程度都是不一样的。有的特别重要，一点都不能缺货，一旦缺货将造成不可估量的损失。有些物资则相对不那么重要，即使缺货，也不会造成多大的损失。另一方面，采购管理部门的人力、物力、财力是有限的，面对成千上万种物资，不可能个个都照顾得那么周到，可能只能够对一部分物资品种作精心的管理。因此，采用 ABC 分析法，可以为企业赢得最大的效益。

ABC 分析法就是根据物料的重要程度（不同企业有不同标准，可以是采购总金额、关键性能物料、供应高风险等），将物料分为 ABC 等级（见表 2—1—6），在具体采购工作中，要将工作重心放在重点物料上。不同等级的物料及供应商，可以采取不同的采购战略及供应商管理方法。

表 2—1—6　　ABC 分类表

类别	物资特点	品种（%）	采购量（%）	管理类别
A	价值高，很重要，品种少	10	70	重点管理
B	价值中，重要程度居中，品种多	20	20	可重点，也可一般
C	价值低，重要程度低，品种少	70	10	一般管理

在表 2—1—6 中，将价值高、对企业特别重要的那一部分少数品种，划作 A 类，实行重点管理，包括对其库存量及采购量进行严密监视，保证供应，不使其缺货。由于这类物资品种比较少，所以即使人力物力财力有限，精心管理这些少数品种，也是完全有可能的；将价值低的大部分品种划为 C 类，实行一般管理；剩余的一部分分为 B 类，根据情况可以实行重点管理，也可以实行一般管理。

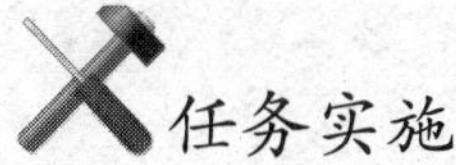

任务实施

本任务的重点在于选用正确的采购需求分析方法。因为是制订试生产新车型 FBI-RR3 各种原材料、零部件的需求计划，所以采用推导分析法。

首先，根据图 2—1—2 进行推导：OYM 公司生产的一辆 FBI-RR3 型自行车由一个把手和一个车身构成；而一个车身又由两个轮子、一个三角架构成。由于虚线框表示外购件，实线框表示自制件，所以可以确定把手、轮子都是由外购获得。由主产品结构文件可以得到主产品零部件生产采购一览表，见表 2—1—7。

表 2—1—7　FBI-RR3 型自行车零部件生产采购一览表

零部件名	数量（件）	自 制	外 购
FBI-RR3 型自行车把手	1		√
FBI-RR3 型自行车轮子	2		√
FBI-RR3 型自行车三脚架	1	√	

然后，根据“FBI-RR3 主产品生产计划表”（表 2—1—8 中包括了主产品的生产计划，也包括了社会维修企业对零部件把手、轮子的订货计划）和“FBI-RR3 零部件生产采购一览表”确定需要采购的零部件和原材料。

表 2—1—8　FBI-RR3 型自行车主产品生产计划表

时期（周）	第 1 周	第 2 周	第 3 周	第 4 周	月合计
FBI-RR3 型自行车（件/周）	25	15	20	15	75
FBI-RR3 型自行车把手（件/周）	5		5		10
FBI-RR3 型自行车轮子（件/周）		10		20	30

最后，利用公式 $P_i = P \times n_i + P_{oi}$ 进行计算，得 FBI-RR3 型自行车月采购需求一览表，见表 2—1—9。

表 2—1—9　FBI-RR3 型自行车月采购需求一览表

零部件名	下月需要数量（件）	零部件名	下月需要数量（件）
FBI-RR3 型自行车把手	75×1＋10＝85	FBI-RR3 型自行车轮子	75×2＋30＝180

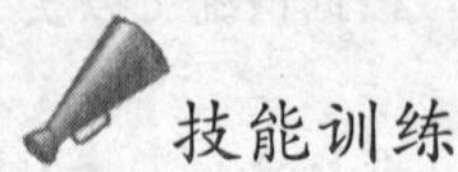

技能训练

采购需求分析调查

背景资料

×××学院拟为各教学单位教师改善办公条件，初步计划为每位坐班教师配备一台计算机，为每个办公室配备一台公用计算机，为坐班教师办公室配备打印机、传真机、复印机各一台，为其他办公室各配备打印机一台，其余办公设备，按需购买。

一、训练目标

1. 加深对采购需求的认识。

2. 能够运用采购需求分析的方法确定采购需求。

二、训练准备

1. 以 6～8 人为一组，选出组长一名。
2. 每组调查不同的教学单位。
3. 设计内部采购需求调查表。

三、训练步骤

1. 收集采购需求单位的需求资料。
2. 将收集到的资料进行整理。
3. 根据收集到的资料及实际情况选择采购需求调查方法。
4. 运用所选定的方法分析采购需求。
5. 形成采购需求报告。

四、注意事项

1. 应注意资料收集的全面性、真实性。
2. 需求分析方法应恰当。
3. 若实际数据难以收集，可根据情况给出模拟数据。

五、评分标准

1. 内部采购需求调查表的设计（20 分）。
2. 调查方法的选择（30 分）。
3. 总体实习报告（50 分）。

任务 2　编制采购计划及预算

学习目标

1. 掌握采购计划作业程序；
2. 掌握采购预算编制流程；
3. 具有熟练编制采购计划的能力；
4. 具有熟练编制采购预算的能力。

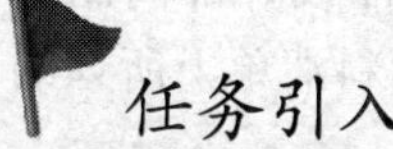

任务引入

FBI-RR3 型自行车月采购需求一览表（见表 2—2—1）完成后，根据采购业务流程，在采购实施前，还需编制采购计划和预算。

表 2—2—1　　FBI-RR3 型自行车月采购需求一览表

零部件名	下月需要数量（件）	零部件名	下月需要数量（件）
FBI-RR3 把手	75×1＋10＝85	FBI-RR3 轮子	75×2＋30＝180

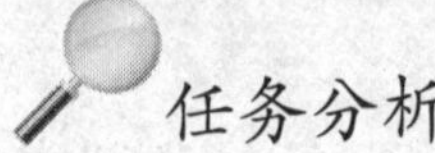

任务分析

企业生产某种机械设备，很多原材料及零部件都需要外购。但企业在生产过程中经常会出现原材料及零部件供应不足或库存积压现象，有时，急需采购时，又出现资金困难等情况。造成这种现象的主要原因是企业的采购计划与预算没有编制好，计划需求量与企业生产实际需求量差距较大。

采购计划与预算是企业经营管理计划的一部分，也是企业年度计划与目标的一部分。

相关知识

采购计划就是为了维持正常的产销活动，对在某一特定的期间内应在何时购入多少何种材料的一种预先安排。正确地编制企业采购计划，对于加强物资管理，保证生产所需，促进物资节约，降低产品成本，加速资金周转，都有着重要的作用。

一、编制采购计划的基础资料

1. 生产计划

生产计划是规定企业在计划期内（年度）所生产产品品种、质量、数量和生产进度以及生产能力的利用程度。它是根据企业的销售计划，再加上人为的判断，以及预期的期末存货与期初存货来制定的。生产计划决定采购计划，采购计划又对生产计划的实现起物料供应保证作用。生产计划的公式如下：

预计生产量＝预计销售量＋预计期末存货量－预计期初存货量

2. 设备维修计划和技术改造计划

设备维修计划是规定企业在计划期内（年度）需要进行修理设备的数量、修理的时间和进度等。技术改造计划是规定企业在计划期内（年度）要进行的各项技改项目的进度、预期的经济效果，以及实现技改所需要的人力、物资、费用和负责执行的单位。这两个计划提出的物料需求品种、规格、数量和需要时间，是编制物料采购计划的依据，采购计划要为这两个计划的实现提供物料保证。

3. 用料清单

一般生产计划只列出产成品的数量，而不能显示某一产品需用哪些物料，以及数量多少，因此制订采购计划必须借助于用料清单。用料清单是由研究发展或产品设计部门制定的，根据用料清单可以精确地计算出制造每一种产品的物料需求数量。将用料清单上所列的耗用量即通称的标准用量，与实际用量相互比较，可作为用料管理的依据。

4. 存量卡

如果产成品有存货，那么生产数量不一定要等于销售数量。同理，若材料有库存，则材料采购数量也不一定要等于材料需用量。因此，必须建立物料的存量卡，用以记载某一物料的库存量，再依据需求数量，并考虑提前期和安全库存量，算出正确的采购数量，然后才开具请购单，进行采购活动。

二、采购计划的编制程序

1. 准备订单计划

准备订单计划主要分为三个方面的内容：

（1）调查市场需求

企业的生产活动是为了满足市场需求，要想制订比较准确的订单计划，必须了解市场需求状况及其变化趋势。市场需求的进一步分解便得到生产需求计划。企业根据市场需求首先制订销售计划，企业的年度销售计划一般在上年的年末制订，并报送至各个相关部门，同时下发到销售部门、计划部门、采购部门，以便指导全年的企业运转；根据年度计划，再制订季度、月度的市场销售需求计划。

（2）调查生产需求

调查与分析生产需求是评估订单需求首先要做的工作。生产需求在采购中也可以称为生产物料需求。在 MRP 系统中，物料需求计划是主生产计划的细化，它主要来源于主生产计划、独立需求的预测、物料清单、库存信息。

（3）准备订单背景资料

根据对市场需求和对生产需求的分析结果，就可以得到订单需求。准备订单背景资料是非常重要的一项内容。订单背景是在订单物料的认证完毕之后形成的，订单背景资料主要包括：

1）订单物料的供应商信息；

2）订单比例信息（对有多家供应商的物料来说，每一个供应商分摊的下单比例称为订单比例，该比例由供应商管理人员规划并给予维护）；

3）最小包装信息；

4）订单周期，是指从下单到交货的时间间隔，一般是以天为单位的。

订单背景资料一般使用信息系统管理。订单人员根据生产需求的物料项目，从信息系统中查询了解该物料的采购参数。

2. 评估订单需求

（1）分析市场需求

要进行市场需求分析，一方面，应仔细分析签订合同的数量、还没有签订合同的数量（包括没有及时交货的合同）等一系列数据，同时研究其变化趋势，全面考虑订单计划的规范性和严谨性。另一方面还应兼顾企业的市场战略以及潜在的市场需求等，这样才能全面、系统、准确地掌握市场需求。

（2）分析生产需求

分析生产需求是评估订单需求首先要做的工作。为了便于理解生产物料需求，就必须研究生产需求的产生过程，采购计划人员应深入分析生产需求的产生过程、生产需求量及需求时间。

（3）确定订单需求

根据对市场需求和对生产需求的分析结果就可以确定订单需求。通常来讲，订单需求的内容是：通过订单管理，在未来指定的时间内，将指定数量的合格物料采购入库。

3. 计算订单容量

计算订单容量是采购计划中的重要组成部分。只有准确地计算好订单容量，才能对比需求和容量，经过综合平衡，最后制订出正确的订单计划。计算订单容量主要有以下 4 个方面的内容：

（1）分析供应资料

对于采购工作来讲，所要采购物料的供应商的信息是非常重要的一项信息资料。如果没有供应商供应物料，那么一切都无从谈起。因此，分析供应商及供应市场资料是非常重要的。

（2）计算总体订单容量

总体订单容量是多方面内容的组合，其中主要是两个方面：一是可供给物料的数量，二是可供给物料的交货时间。举一个例子来说明这两方面的结合情况：A 供应商在 6 月 31 日之前可供应 30 000 个某种零件（m 型 10 000 个，n 型 20 000 个），B 供应商在 6 月 31 日之前可供应 60 000 个某种零件（m 型 40 000 个，n 型 20 000 个），那么 6 月 31 日之前 m 和 n 两种零件的总体订单容量为 90 000 个，其中 m 型零件的总体订单容量为 50 000 个。

（3）计算承接订单容量

承接订单是指某供应商在指定的时间内已经签下的订单。仍以前一个例子来说明：A 供应商在 6 月 31 日之前可以供给 30 000 个零件（m 型 10 000 个，n 型 20 000 个），若是已经承接 m 型零件 10 000 个，n 型 10 000 个，那么对 m 型和 n 型物料已承接的订单量就是：m 型 10 000 个，n 型 10 000 个，共 20 000 个。

（4）确定剩余订单容量

剩余订单容量是指某物料所有供应商群体的剩余的可供物料的总量，可以用下面的公式表示：

物料剩余订单容量＝物料供应商群体总体订单容量－已承接订单量

若物料供应商群体总体订单容量为 50 000 件，已承接订单量为 30 000 件，则：

物料剩余订单容量＝50 000 件－30 000 件＝20 000 件

4. 制订订单计划

（1）对比需求与容量

对比需求与容量是制订订单计划的首要环节，只有比较出需求与容量的关系才能科学地制订订单计划。如果经过对比发现需求小于容量，即无论需求多大，容量总能满足需求，则企业要根据物料需求来制订订单计划。如果供应商的容量小于企业的物料需求，则要求企业根据容量制订合适的物料需求计划。这样就产生了剩余物料需求，需要对剩余物料需求重新制订计划。若某企业对某种物料的需求量是 12 t，而供应商的容量为 15 t，则需求小于容量，企业可以根据容量制订合适的物料需求计划；若供应商的容量为 10 t，则需求大于容量，这样就产生了剩余物料需求，需要对剩余物料需求重新制订计划。

（2）综合平衡

综合平衡是指综合考虑市场、生产、订单容量等要素，分析物料订单需求的可行性，必要时调整订单计划，计算容量不能满足的剩余订单需求。

（3）确定余量计划

在对比需求与容量的时候，如果容量小于需求就会产生剩余需求，对于剩余需求，要提交计划制订者处理，并确定能否按照物料需求规定的时间及数量交货。

（4）制订订单计划

制订订单计划是采购计划的最后一个环节，订单计划做好之后就可以按照计划进行采购工作了。一份订单包含的内容有下单数量和下单时间两个方面。

下单数量＝生产需求量－计划入库量－现有库存量＋安全库存量

下单时间＝要求到货时间－认证周期－订单周期－缓冲时间

采购订单计划表见表 2—2—2。

表 2—2—2 采购订单计划表

<table>
<tr><th rowspan="2">序号</th><th colspan="7">主项</th><th colspan="7">次项</th><th rowspan="2">现存库存数量</th><th rowspan="2">订单环境容量</th><th rowspan="2">备注</th></tr>
<tr><th>物资编码</th><th>名称</th><th>型号描述</th><th>年需求量</th><th>单位</th><th>开始日期</th><th>完成</th><th>样品图样</th><th>技术规范</th><th>工艺路线</th><th>工艺指令</th><th>配料清单</th><th>巡回文档</th><th>隶属产品</th></tr>
<tr><td>1</td><td></td><td></td><td></td><td></td><td></td><td></td><td></td><td></td><td></td><td></td><td></td><td></td><td></td><td></td><td></td><td></td><td></td></tr>
<tr><td>2</td><td></td><td></td><td></td><td></td><td></td><td></td><td></td><td></td><td></td><td></td><td></td><td></td><td></td><td></td><td></td><td></td><td></td></tr>
<tr><td>3</td><td></td><td></td><td></td><td></td><td></td><td></td><td></td><td></td><td></td><td></td><td></td><td></td><td></td><td></td><td></td><td></td><td></td></tr>
<tr><td>4</td><td></td><td></td><td></td><td></td><td></td><td></td><td></td><td></td><td></td><td></td><td></td><td></td><td></td><td></td><td></td><td></td><td></td></tr>
<tr><td>5</td><td></td><td></td><td></td><td></td><td></td><td></td><td></td><td></td><td></td><td></td><td></td><td></td><td></td><td></td><td></td><td></td><td></td></tr>
<tr><td>6</td><td></td><td></td><td></td><td></td><td></td><td></td><td></td><td></td><td></td><td></td><td></td><td></td><td></td><td></td><td></td><td></td><td></td></tr>
<tr><td>7</td><td></td><td></td><td></td><td></td><td></td><td></td><td></td><td></td><td></td><td></td><td></td><td></td><td></td><td></td><td></td><td></td><td></td></tr>
<tr><td>8</td><td></td><td></td><td></td><td></td><td></td><td></td><td></td><td></td><td></td><td></td><td></td><td></td><td></td><td></td><td></td><td></td><td></td></tr>
<tr><td>9</td><td></td><td></td><td></td><td></td><td></td><td></td><td></td><td></td><td></td><td></td><td></td><td></td><td></td><td></td><td></td><td></td><td></td></tr>
<tr><td>10</td><td></td><td></td><td></td><td></td><td></td><td></td><td></td><td></td><td></td><td></td><td></td><td></td><td></td><td></td><td></td><td></td><td></td></tr>
<tr><td>合计</td><td></td><td></td><td></td><td></td><td></td><td></td><td></td><td></td><td></td><td></td><td></td><td></td><td></td><td></td><td></td><td></td><td></td></tr>
<tr><td colspan="2">制订日期</td><td colspan="5"></td><td colspan="2">审核日期</td><td colspan="4"></td><td colspan="2">批准日期</td><td colspan="3"></td></tr>
<tr><td colspan="2">认证计划编号</td><td colspan="3"></td><td colspan="2">制订部门</td><td colspan="3">任务来源编号/说明</td><td colspan="3"></td><td colspan="3">来源部门</td><td colspan="2"></td></tr>
</table>

三、采购预算的编制

预算就是一种用数量来表示的计划，是将企业未来一定时期内经营决策的目标通过有关数据系统地反映出来，是经营决策具体化、数量化的表现。企业通过编制采购业务预算，把企业采购部门和其他职能部门在计划期间的工作分别定出了目标，保障企业战略计划和作业计划的执行，协调企业各部门之间的合作经营；采购业务预算还能在企业各部门之间合理安排有限资源，保证资源分配的效率性，对企业物流成本进行控制、监督，以最少的投入，取得尽可能多的经济效益。

为了使预算对实际的资金调度具有意义，采购预算应以付款的金额来编制，而不以采购的金额来编制。预算的时间范围要与企业的计划期保持一致，绝不能过长或过短。长于计划期的预算没有实际意义，浪费人力、财力和物力，而过短的预算则又不能保证计划的顺利执行。企业管理者必须通过有效地分配有限的资源来获得最大的收益。一个良好的企业不仅要赚取合理的利润，还要保证有良好的资金流，良好的预算既要注重实际，又要强调财务业绩。

1. 采购预算的内容

（1）原材料预算

生产企业在整个经营过程中，需要大量的原材料，其数量决定于生产产品的产销量和对外服务量。原材料预算的时间通常是一年或更短。预算的依据是生产或销售的预期水平、提供服务的预期水平以及未来原材料的估计价格，这就意味着实际费用有可能偏离预算。因此，在编制预算时应根据外界条件的变化做出灵活的调整。

（2）MRO（Maintenance，Repair & Operations）预算

MRO 通常是指在实际的生产过程中不直接构成产品，只用于维护、维修、运行设备的物料和服务。MRO 是指非生产原料性质的工业用品。

MRO 采购包含在经营管理过程中，但它们并没有成为生产运作中的一部分。

MRO 项目主要有：办公用品、润滑油、机器修理用零部件等。MRO 项目的数目可能很大，对每一项都做出预算并不可行。MRO 预算通常按以往的比例来确定，然后根据库存和一般价格水平的预期变化来进行调整。

（3）固定资产预算

企业的固定资产通常费用较高，占采购支出的较大部分，固定资产的预算不仅要考虑初始成本，还要考虑包括维护、能源消耗以及辅助零部件成本等的生命周期总费用。由于这些支出的长期性质，通常用净现值算法进行预算和做出决策。

（4）采购费用预算

采购费用预算的内容包括采购业务中发生的各项费用。通常，这项预算是根据预期的业务和行政工作量来制定的。这些花费包括工资、福利费用、供热费、电费、通信费、教育培训费、差旅费以及购买办公用品等的费用。合理的采购费用有利于采购工作的进行，在制定采购预算时必须把此项支出考虑在内。可比照上年计划与实际支出情况，做好本年采购费用预算。采购部门应定期对比计划与实际支出情况调整、控制采购费用并及时解决发现的问题。

2. 采购预算编制的流程

以制造业而言，通常业务部门的营销计划是年度经营计划的起点，然后生产计划才随之制订。生产预算包括采购预算、直接人工预算及制造费用预算。由此可见，采购预算是采购部门为配合年度的销售预测或生产数量，对需求的原料、物料、零件等的数量及成本作翔实的估计，以利于整个企业目标的达成。换句话说，采购预算如果单独编制，不但缺乏实际的应用价值，也失去了其他部门的配合，所以必须以企业整体预算制度为依据。图 2—2—1 所示为包括采购预算在内的企业整体预算编制流程。

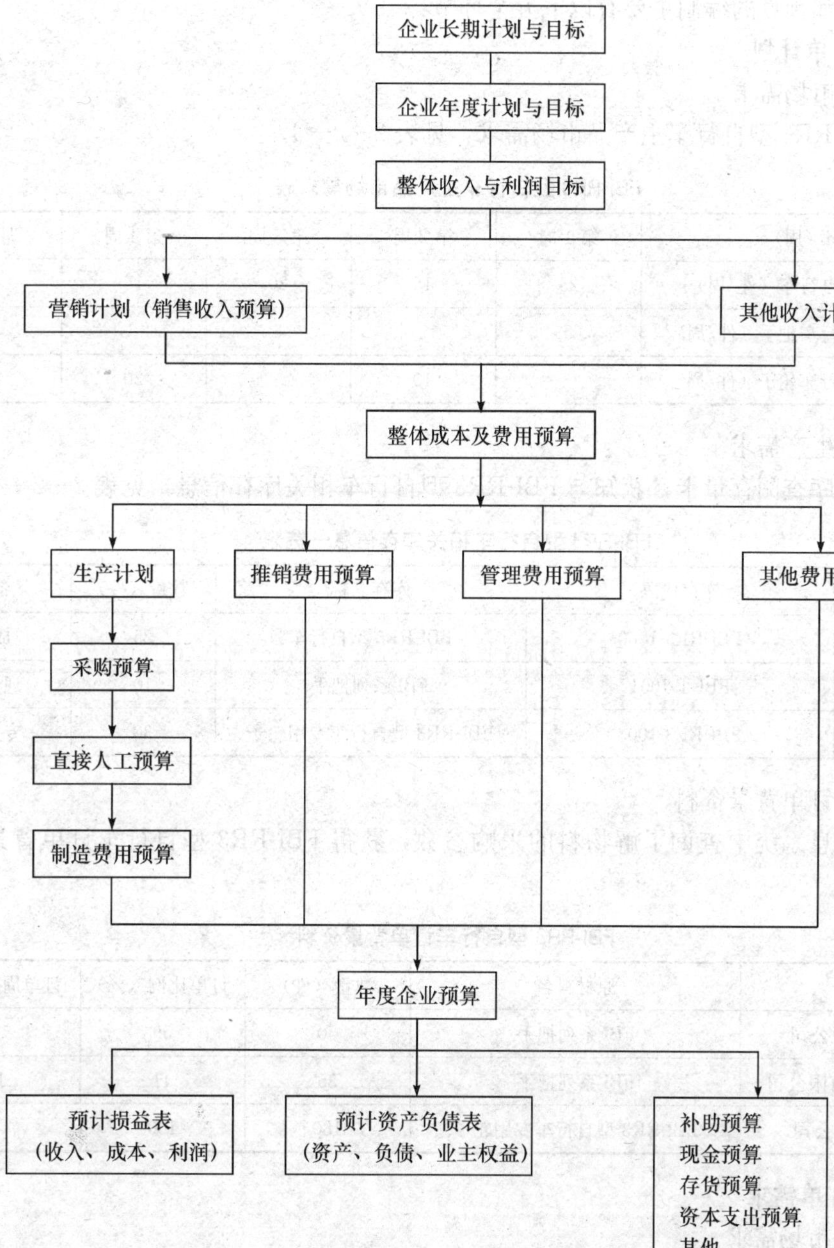

企业长期计划与目标

企业年度计划与目标

整体收入与利润目标

营销计划（销售收入预算）　　其他收入计划

整体成本及费用预算

生产计划　　推销费用预算　　管理费用预算　　其他费用预算

采购预算

直接人工预算

制造费用预算

年度企业预算

预计损益表（收入、成本、利润）　　预计资产负债表（资产、负债、业主权益）　　补助预算　现金预算　存货预算　资本支出预算　其他

图 2—2—1　包括采购预算在内的企业整体预算编制流程

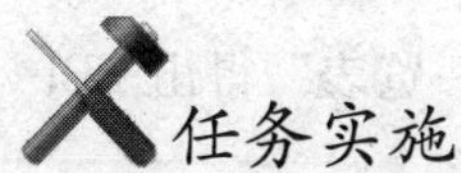

任务实施

本任务已知 FBI-RR3 型自行车月采购需求见表 2—2—1（把手 85 件，轮子 180 件），需要编制 FBI-RR3 型自行车月采购计划和预算。

采购计划和预算的编制主要有以下五个环节：

1. 准备订单计划

（1）调查市场需求

已知 FBI-RR3 型自行车主产品市场需求，见表 2—2—3。

表 2—2—3　　FBI-RR3 型自行车主产品市场需求表

时期（周）	第 1 周	第 2 周	第 3 周	第 4 周	月合计
FBI-RR3 型自行车（件/周）	25	15	20	15	75
FBI-RR3 型自行车把手（件/周）	5		5		10
FBI-RR3 型自行车轮子（件/周）		10		20	30

（2）调查生产需求

通过到仓库查阅存量卡，获知与 FBI-RR3 型自行车相关库存信息，见表 2—2—4。

表 2—2—4　　FBI-RR3 型自行车相关库存信息一览表

仓库	库存代码	库存名称	数量（件）	备注
成品仓	FBI-RR3-1000	FBI-RR3 型自行车	25	成品
原材料仓	FBI-T-1001	FBI 系列把手	10	通用件
原材料仓	FBI-RR3-1003	FBI-RR3 型自行车专用轮子	30	专用件

（3）准备订单背景资料

通过在信息系统中查询了解物料的采购参数，获得 FBI-RR3 型自行车订单背景资料，见表 2—2—5。

表 2—2—5　　FBI-RR3 型自行车订单背景资料

供应商	原材料名	数量（件）	订单比例（%）	订单周期（天）
TD 商贸有限公司	FBI 系列把手	50	59	7
天津 XR 车料有限公司	FBI 系列把手	35	41	15
SS 贸易有限公司	FBI-RR3 型自行车专用轮子	180	100	7

2. 评估订单需求

（1）分析市场需求

FBI-RR3 型自行车为试生产新车型，下月的生产量仅用于全国门店的展示，所以按市场需求确定。

（2）分析生产需求

根据调查生产需求时所得到的“FBI-RR3 型自行车相关库存信息一览表”得出 FBI-RR3 型自行车生产需求量及需求时间，见表 2—2—6。

表 2—2—6 FBI-RR3 型自行车生产需求量及需求时间表

时期（周）	第 1 周	第 2 周	第 3 周	第 4 周	月合计
FBI-RR3 型自行车（件/周）	0	15	20	15	50
FBI-RR3 型自行车把手（件/周）	0		0		0
FBI-RR3 型自行车轮子（件/周）		0		0	0

（3）确定订单需求

根据“FBI-RR3 型自行车生产需求量及需求时间表”得出 FBI-RR3 型自行车订单需求，见表 2—2—7。

表 2—2—7 FBI-RR3 型自行车订单需求一览表

零部件名	下月需要数量（件）	零部件名	下月需要数量（件）
FBI-RR3 型自行车把手	50×1=50	FBI-RR3 型自行车轮子	50×2=100

3. 计算订单容量

根据“FBI-RR3 型自行车订单背景资料”和“FBI-RR3 型自行车订单需求一览表”，经对比需求和容量，经过综合平衡，计划向 TD 商贸有限公司、SS 贸易有限公司采购原材料。

4. 制订订单计划

根据以上三步分析数据及信息，得出 FBI-RR3 型自行车订单计划，见表 2—2—8。

表 2—2—8 FBI-RR3 型自行车订单计划表

供应商	物资编码	原材料名	数量（件）	订单环境容量（%）	现存库存数量（件）	订单提前期（天）
TD 商贸有限公司	FBI-T-1001	FBI 系列把手	50	100	10	7
SS 贸易有限公司	FBI-RR3-1003	FBI-RR3 型自行车专用轮子	100	100	30	7

5. 制订订单预算

根据供应商的历史报价，得出 FBI-RR3 型自行车订单预算，见表 2—2—9。

表 2—2—9 FBI-RR3 型自行车订单预算表

供应商	物资编码	原材料名	数量（件）	单价（元）	总价（元）	账期（天）
TD 商贸有限公司	FBI-T-1001	FBI 系列把手	50	100	5 000	30
SS 贸易有限公司	FBI-RR3-1003	FBI-RR3 型自行车专用轮子	100	500	50 000	90
合计（元）					55 000	

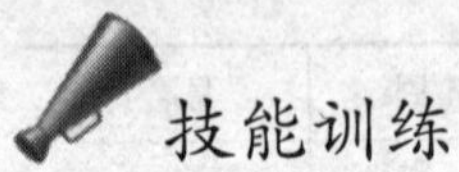

技能训练

编制采购计划及预算

背景资料

××学院拟为各教学单位教师改善办公条件，初步计划为每位坐班教师配备一台计算机，为每个办公室配备一台公用计算机，为坐班教师办公室配备打印机、传真机、复印机各一台，为其他办公室各配备打印机一台，其余办公设备，按需购买。

前期，已经进行了采购需求分析调查，并形成了各教学单位的采购需求报告，请编制各教学单位的采购计划及预算。

一、训练目标

掌握编制采购计划及预算的方法。

二、训练准备

1. 以为 6～8 人为一组，选出组长一名。
2. 每组调查不同的教学单位，并对每个办公室进行资产核查。
3. 对学院资产管理处、财务处进行走访，尽量获取一手资料。

三、训练步骤

1. 准备订单计划。
2. 评估订单需求。
3. 计算订单容量。
4. 制订订单计划。
5. 制定订单预算。

四、注意事项

1. 应注意资料收集的全面性、真实性。
2. 调查分析方法应恰当。
3. 若实际数据难以收集，教师可根据情况给出模拟数据。

五、评分标准

1. 采购订单计划表设计全面、合理，能够突出采购计划作业程序（40 分）。
2. 采购订单预算表设计全面、合理，能够突出采购预算编制流程（40 分）。
3. 汇报材料的整体评价（20 分）。

思考与练习

一、选择题

1. 对于价值高、很重要、品种少的采购物品，在 ABC 分析法中属于（　　）。

A. A 类　　B. B 类　　C. C 类　　D. A 类＋B 类

2. 在采购计划中，将采购物品分为金属材料采购计划、机电产品采购计划和非金属材料采购计划，这是按（ ）进行的分类。

A. 时间长短 B. 采购层次 C. 自然属性 D. 使用方向

3. 在计算总体订单容量时，若A供应商在12月31日之前可供应10 000个某种零件（其中：m型4 000个，n型6 000个），B供应商可供应20 000个某种零件（其中：m型15 000个，n型5 000个），那么，在12月31日之前两种按钮的总体订单容量为（ ）个。

A. 10 000 B. 20 000 C. 6 000 D. 30 000

4. 在上题中，A供应商在12月31日之前可供应10 000个零件（其中：m型4 000个，n型6 000个），若已经承接的m型零件3 000个，n型5 000个，那么，对m型和n型已承接的订单容量为（ ）个。

A. 4 000 B. 5 000 C. 6 000 D. 10 000

二、判断题

1. 采购计划就是采购预算。（ ）
2. 采购需求分析与产品平均需求分析是一样的。（ ）
3. ABC分析法中C类物资不必管理。（ ）
4. 企业的采购计划应以市场需要为依据，按照实际需要和资源供给来编制。（ ）
5. 采购预算是经营决策具体的、数量化的表现。（ ）

三、简答题

1. 采购申请单位汇总统计法的特点有哪些？
2. 推导分析法的步骤有哪些？
3. 计算订单容量的内容有哪些？

模块三

采购实施

任务1 选择供应商

学习目标

1. 掌握供应商的选择、开发、管理及考评方式；
2. 具有综合考评供应商的能力。

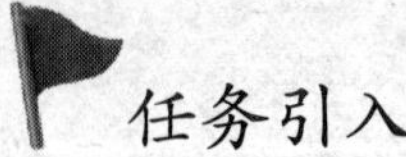

任务引入

经过前期的采购需求确定以及采购计划与预算分析，就进入了采购实施的环节，而采购实施从选择供应商开始（据悉 FBI-RR3 新车型经过一个月试生产后，计划大规模生产），那么，如何选择供应商，如何与其进行良好的合作，如何进行供应商管理呢？

任务分析

每一位采购员都应了解和掌握供应商选择与管理的有关问题，包括供应商选择、供应商开发、供应商考评等；必须重点掌握供应商选择的方法、步骤、企业与供应商的关系以及供应商的考评方法、步骤、指标体系。

相关知识

一、供应商的定义

供应商，是指可以为企业生产提供原材料、设备、工具及其他资源的企业。供应商作为企业外部环境的组成部分，必然间接或直接地对企业造成影响。任何供应商，不管是不是已经与企业有直接关系，它都是资源市场的组成部分。资源市场中物资的供应总量、供应价格、竞争态势、技术水平等，都是由资源市场的所有成员共同形成的。而企业的采购，都只能从这个资源市场中获取物资，所以采购物资的质量水平、价格水平都必然受到资源市场成员的共同影响。

供应商，可以是生产企业，也可以是流通企业。对于生产型企业，供应商的优劣直接影响到生产产品的成本、质量和交货，只有供应商的成本控制得当，它的产品价格才具有更强的市场竞争力；只有供应商提供高质量的原材料及零部件，才能生产出质量稳定的产品；只有供应商能够及时稳定地供货，企业才能把产品及时地送到消费者的手中。可见，供应商选得好，对企业的物资供应起着非常重要的作用。

二、供应商选择

1. 供应商的选择方法

选择供应商，需要采用一些科学的方法。选择供应商的方法很多，应根据具体的情况采用合适的方法。常用的方法主要有直观判断法、招标选择法、协商选择法、采购成本比较法和层次分析法。

（1）直观判断法

直观判断法属于定性选择的方法，是根据征询和调查所得的资料并结合采购人员的分析判断，对供应商进行分析、评价的一种方法。主要是倾听和采纳有经验的采购人员的意见，或者直接由采购人员凭经验做出判断。这种方法的质量好坏取决于对供应商资料掌握得是否正确、齐全和决策者的分析判断能力高低与经验多寡。这种方法运作简单、快速、方便，但是缺乏科学性，受掌握信息的详尽程度限制，常用于选择企业非主要原材料的供应商。

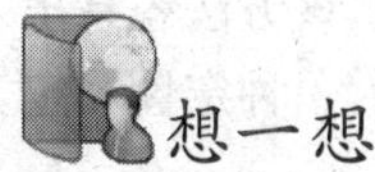

想一想

如果你是采购部经理，现企业需要采购某一种原材料，该原材料为企业生产的辅助材料，你想采用直观判断法选择供应商，请问你该怎么做？

（2）招标选择法

招标选择是采购企业采用招标的方式，吸引多个有实力的供应商来投标竞争，然后经过评标小组分析评比而选择最优供应商的方法。当采购物资数量大、供应市场竞争激烈时，可以采用招标方法来选择供应商。

（3）协商选择法

协商选择法是由采购单位选出供应条件较为有利的几个供应商，同他们分别进行协商，再确定合适的供应商的方法。协商选择法的优点是双方能充分协商，能确定更为合适的供应商，因而在商品质量、交货日期和售后服务等方面较有保证，但由于选择范围有限，不一定能得到最便宜、供应条件最有利的供应商。当采购时间紧迫，投标单位少，供应商竞争不激烈，订购物资规格和技术条件比较复杂时，协商选择方法比较适用。

（4）采购成本比较法

对质量和交货期都能满足要求的合作伙伴，则需要通过计算采购成本来进行比较分析。采购成本一般包括售价、采购费用、运输费用等各项支出的总和。采购成本比较法是通过计算分析针对各个不同合作伙伴的采购成本，选择采购成本较低的合作伙伴的一种方法。

想一想

供应商选择

某一家公司采购某种设备，现有甲、乙两家供应商可供选择，甲的价格为 1 100 元，包含运输和软件安装费用，乙的价格为 800 元，但需另付运输费 200 元和软件及安装费 150 元。

请问应该买哪一家的产品？

分析：供应商甲的价格高于乙，但仅仅以价格进行比较是不公平的，乙总的采购价格为 1 150 元，比甲还要高出 50 元，因此，从采购成本与价格方面考虑还应选择甲。

（5）层次分析法

该方法是 20 世纪 70 年代由著名运筹学家赛惕（T.L.Satty）提出的，韦伯（Weber）等提出将层次分析法用于合作伙伴的选择。它的基本原理是根据具有递阶结构的目标、子目标（准则）、约束条件、部门等来评价方案，采用两两比较的方法确定判断矩阵，然后把判断矩阵的最大特征相对应的特征向量的分量作为相应的系数，最后综合给出各方案的权重(优先程度)。由于该方法让评价者对照相对重要性函数表，给出因素两两比较的重要性等级，因而可靠性高、误差小，不足之处是遇到因素众多、规模较大的问题时，该方法容易出现问题，如判断矩阵难以满足一致性要求，往往难于进一步对其分组。它作为一种定性和定量相结合的工具，目前已在许多领域得到了广泛的应用。

2. 供应商的选择标准

（1）商品质量

采购物品的质量是否合乎采购单位的要求是企业生产经营活动正常进行的必要条件，采购品质量低，会影响到企业产成品的质量，虽然采购成本低，但质量不合格的产品在企业投入使用的过程中，往往会影响生产的连续性和产品的质量，这些最终都将会反映到企业总成本中去。采购品质量过高并不意味着采购物品就适合企业生产所用，因为采购品质量过高对企业而言也是一种浪费。因此，采购品质量的选择应符合企业的需要。

（2）商品价格

采购品的价格直接影响到采购成本，采购价格低对于降低企业生产经营成本，提高竞争力和增加利润，有着明显的作用，但并不意味着价格越低越好。还应考虑到包括原料或零部件使用过程中或生命周期结束后所发生的一切支出。因此总成本最低才是选择供应商时考虑的主要因素。

（3）交货期与交货准确率

交货时间也是选择供应商所要考虑的因素之一，供应商能否按约定的交货期限和交货条件组织供货，直接影响企业生产和供应活动的连续性。为了应付一些紧急缺货情况的发生，供应商的供货都应有一个合理的提前期，而在供应链管理的情况下，这种提前期大大缩短了。另外，还应注意供应商交货的准确率，减少供应商品的反退率。

（4）服务水平

服务水平是衡量供应商标准的一项重要指标。供应商的整体服务主要指标有以下几个方面：

1）安装服务。如空调的免费安装、计算机的装机调试、贴片机的安装调试等。

2）培训服务。供应商应对采购者提供相应的培训或讲座，供应商对产品卖前与卖后的培训工作情况，会大大影响采购方对供应商的选择。

3）维修服务。供应商对所售产品一般都会做出免费保修一段时间的保证。例如，到电子市场买一台计算机时，通常会问卖方提供多长时间的保修。有的提供 1 年免费保修，有的提供半年。

4）技术支持服务。供应商应向采购者提供相应的技术支持，包括产品升级及技术上的帮助。

（5）供应商的管理能力与水平

供应商的管理能力与水平是指供应商的内部管理是否先进、规范。包括：企业的财务状况是否稳定、内部组织与管理是否规范、人员状况是否稳定以及履行合同的承诺与能力如何等。

【资料卡】

通用电气公司对供应商的要求

通用电气（GE）公司是一家有着悠久历史的全球性公司，其采购模式不考虑国别限制，对全球各国的供应商的要求都是一样的，各个国家的供应商都要达到同样的标准、同样的程序、同样的操作方式。GE 对供应商有 4 个最基本的要求：价格、质量、交货和诚信。

首先，在价格方面，GE 是全球采购，这种全球的竞争会将供应商的价格压得很低。因为全球范围内有很多的公司相互竞争。如果供应商连续三年不怎么降低价格，GE 就要考虑选择新的供应商。

其次，在质量方面，如果供应商有一年供货质量非常差，他就有可能不能再与 GE 合作了，在质量上没有任何商量的余地。

再次，GE 对全球供应链的要求非常严格，供应商一定要准时交货，甚至为了保证准时交货，供货商在必要时还要使用空运来代替海运等比较慢的运输手段，这些都会增加成本。

最后，GE 对供应商的要求不仅是质量和价格，还包括供应商整体的质量水平。如果供应商出现程序错误，就会被取消供应商资格，这其中也包括供应商对 GE 的人员行贿，供应商自己人员的管理等。

很多供应商通过和 GE 合作，不仅使交易越做越大，而且提高了企业的整体竞争力。

3. 供应商选择的一般步骤

供应商选择应考虑多方面因素，遵循以下步骤：

（1）分析供应市场竞争环境及企业需求特点

选择供应商首先应了解企业内部采购需求状况，即企业究竟需求什么、需求多少、什么时候需要等问题。采购部收齐了这些采购需求计划表、请购单以后，需要把所有需要采购的物资分类整理统计出来。这样就弄清了用户需求什么、需要多少、什么时候需要的问题。同时，还应进行供应商及供应市场分析，以了解企业有哪些可能的供应商，各个供应商的基本情况如何，并进一步了解掌握整个资源市场的基本情况和基本性质，为选择供应商做必要的准备。

（2）明确供应商选择的目标

企业在选择供应商时，必须建立实质性的、实际的目标，不同的企业，其供应商管理的目的是不同的，只有明确选择目的，才能更好地选择供应商。主要选择目标有以下几种：

1）降低采购成本。

2）建立稳定的合作关系。

3）实施有效的供应链管理。

4）获得某种特殊的原材料、零部件。

【资料卡】

雀巢公司的选择

所有咖啡生产企业都遇到同样一个问题：怎样降低不含咖啡因的咖啡生产成本。富有创造性的方法是增加不含咖啡因的咖啡豆的产量，这就是世界一流速溶咖啡制造商瑞士雀巢食品公司决定采用的方法。雀巢公司与 Forbio 公司——精于生物基因的澳大利亚生物集团公司合资进行生产，Forbio 公司知道怎样改变咖啡的基因来生长出不含咖啡因的咖啡豆。雀巢特许咖啡生产商种植基因已经改变的咖啡豆，在市场中取得了独占的地位。Forbio 公司也通过收取特许费得到了属于自己的经济利益。

上述案例说明，企业必须明确选择供应商的目的是什么，做到有的放矢，这样才能避免盲目，更加有针对性地为企业选择合适的供应商。

（3）建立供应商的评价标准

供应商评价的指标体系是企业对供应商进行综合评价的依据和标准，企业可以根据系统性、科学性、稳定性和灵活性原则建立供应商的评价指标体系。不同行业、企业的产品需求和不同环境下的供应商的评价侧重点是不一样的。总体说来，主要有价格、质量、交货期、服务、柔性和信誉等。

（4）确定供应商选择的方法

供应商选择的方法很多，如定性分析方法、定量分析方法以及定性与定量相结合的方法。

（5）评价与选择供应商

评价与选择供应商的一个主要工作，就是调查、收集有关供应商的生产运作等全方位的信息。在此基础上，利用一定的工具和技术方法对它们进行评价，并根据评价结果，采用一定的技术方法来选择合适的供应商。如果选择成功，可进一步与供应商实施供应链采购合作关系，实行供应链采购管理。

4. 选择供应商应注意的问题

（1）企业自行生产还是对外采购

如果企业采取自制的方式，就不需要对外采购，选择供应商的机会就很少；一般情况下，自制的方式越少，外包的比率越高，对外采购的机会就越多，选择供应商的机会越大。企业通过外包，可以将精力集中于核心业务上，避免了精力分散，可以最大限度地提高企业的经营效益。

（2）供应商选择的数量

即是选择单一供应商，还是选择多家供应商。单一供应商是指某种物品集中从一家供应商订购，这种购买方式的优点是供需双方的关系密切，购进物品的质量稳定、采购费用低；缺点是无法与其他供应商相比较，容易失去质量、价格更为有利的供应商，采购的机动性小，另外如果供应商出现问题则会影响本企业的生产经营活动。多家供应商是指向多家供应商订购所需要的物品，其优缺点正好与单一供应商相反。

（3）采购地点的确定

即是本地采购还是外地采购、国内采购还是国际采购。选择本地采购或国内采购的供应商，价格可能比较低，由于地理位置近，可以实现准时生产或者零库存策略；选择外地采购或国际采购的供应商则可能采购到本地或国内企业技术无法达到的物品，提升自身的技术含量，扩大供应来源。

（4）直接采购还是间接采购

若是大量采购或者所需物品对企业生产经营影响重大，则宜采用直接采购，从而避免中间商加价，以降低成本；如果采购数量小或者采购物品对生产经营活动影响不大，则可通过间接采购，节省企业的采购精力与费用。

想一想

在选择供应商的过程中，还应注意哪些问题？

三、供应商开发

开发供应商就是要从无到有地寻找新的供应商，建立起满足企业需求的供应商队伍。它是供应商管理的一个重要任务。供应商开发就应该选择优秀的供应商伙伴，尽量不选择只是纯粹的买卖关系的供应商，也不应选择不以客户为中心的供应商。同时要有科学的评判准则、合理的开发流程、恰当的技术手段。两者相结合完成供应商开发及选择过程，从而发掘和获得优秀的供应商合作伙伴。

供应商开发是一个很重要的工作，同时也是一个庞大复杂的系统工程，需要精心策划、认真组织，做好每一个环节的工作。

1. 供应商信息的来源

要开发供应商，首先就必须扩大供应商来源，换句话说，供应商越多，选择供应商的机会就越大。现将寻求供应商的主要信息来源列示如下：

(1) 国内外采购指南。

(2) 国内外产品发布会。

(3) 国内外新闻传播媒体（报纸、刊物、广播电台、电视、网络）。

(4) 国内外产品展销会。

(5) 政府组织的各类商品订货会。

(6) 国内外行业协会会员名录、产业公报。

(7) 国内外企业协会。

(8) 国内外各种厂商联谊会或同业工会。

(9) 国内外政府相关统计调查报告、工厂统计资料、产业或相关刊物研究报告。

(10) 其他各类出版物的厂商名录。

(11) 媒体广告，电视或报纸、杂志上的广告商品的联系电话。

(12) 网络搜寻。

(13) 同行市调。采购人员可通过对同行业（竞争对手）的供应商情况调查发现优良商品供应商，其信息来源有下列方式：

1) 包装上的制造商或进口代理公司的电话；

2) 如果没有电话，可利用包装上制造商或进口代理公司的名称，向 114 查询电话号码。

(14) 厂商介绍。向同行厂商询问想要引进的商品就可以得到相关信息。

(15) 供应商自行上门。

2. 开发供应商的步骤

开发一个供应商，大体上要经过以下十个步骤：

(1) 将采购物料分类，确定关键的重要零部件、原材料及其资源市场

一方面，将主生产物料和辅助生产物料等按采购金额比重分成 ABC 三类，划出关键物资、重点物资，进行重点管理。根据物资重要程度决定供应商关系的紧密程度。对于关键物资、重点物资，要建立起比较紧密的供应商关系；对于非重点物资，可以建立起一般供应商关系。甚至不必建立起固定的供应商关系。另一方面，也可以按材料成分或性能分类，如塑胶类、五金类、电子类、化工类和服装类等，确定资源市场的类型性质。

(2) 供应商调查

供应商调查包括对供应商的初步调查和深入调查。供应商初步调查非常简单，调查的基本内容就是供应商的名称、地址、生产能力，产品的品种、数量、价格质量、市场占有率及运输进货条件等。

对供应商的深入调查，一要根据企业自己产品的 ABC 分类所确定的产品的重要程度；二要根据供应商企业的生产能力、生产水平等实际情况。对于企业的关键产品、重要产品，要认真地选择供应商，要对提供这些产品的供应商进行深入的研究、考察和考核。深入调查供应商的标准主要包括企业的实力、产品的生产能力、技术水平、质量保障体系和管理水平等。具体来说，就是深入供应商企业的生产线、生产工艺、质量检验环节甚至管理部门，对

其现有的设备工艺、生产技术、管理技术等进行考察，调查供应商所提供的产品能不能满足企业的要求。必要时还要根据所采购的产品的生产要求，督促供应商进行资源重组，并进行样品试制，试制成功后，才算考察合格。只有通过深入的供应商调查，才能发现可靠的供应商，建立起比较稳定的采购物资供需关系。进行深入的供应商调查，需要花费较多的时间和精力，调查的成本高，一般只有对准备发展为伙伴关系的供应商及关键零部件的供应商才有必要。

（3）资源市场调查

对资源市场的调查包括：

1）了解资源市场的规模、容量和性质。即调查当前是买方市场还是卖方市场，对于买方市场，在选择供应商时，可将质量、价格和服务的权重适当放大；而对于卖方市场，在选择供应商时，应将质量、价格、服务的权重适当放小。另外，还得了解资源市场究竟有多大范围，有多少资源以及多少需求量，是一个新兴的成长市场还是一个陈旧的没落市场等。

2）资源市场的环境。例如，市场的管理制度与法制建设、市场的规范化程度、市场的经济环境与政治环境等外部条件如何以及市场的发展前景如何。

3）资源市场的总水平。即资源市场的各个供应商的情况如何。例如资源市场的生产能力、技术水平、管理水平、可供资源量、质量水平、价格水平、需求状态以及竞争性质等。

（4）分析评估

进行分析评估时，首先应成立供应商评估小组，由副总经理任组长，采购部门、品质管理部门、技术部门的经理、主管、工程师组成评估小组。对已调查的供应商及资源市场情况进行深入分析。

然后，再把反馈回来的供应商调查表进行整理核实，如实填写供应商资料卡。将合格厂商分类按顺序统计记录。然后由评估小组进行资料分析比较和综合评估，按 ABC 物料采购金额的大小，按供应商规模、生产能力等基本指标进行分类，对每个关键物资、重点物资初步确定 1～3 家供应商，准备进行深入调查。

最后，在供应商分析的基础上，结合资源市场调查的有关资料分析资源市场的基本情况，包括资源能力情况、供需平衡情况、竞争情况、管理水平、规范化程度、发展趋势等，并根据资源市场的性质，确定相应的采购策略、产品策略和供应商关系策略。例如对于垄断性市场，采用合作和据理谈判策略；对于竞争性市场，采用招标竞争策略等。

（5）价格谈判

对送样或小批量合格的产品、材料，要评定品质等级，并进行比价和议价，确定一个最优的价格性能比。

在价格谈判之前要有充分准备，设定合理的目标价格。对小批量产品，其谈判的核心是交货期限，要求其提供快速的反应能力；对流水线、连续生产的产品，核心是价格，但一定要保证供应商有合理的利润空间。进行价格谈判的指导思想，就是要合理，要“双赢”，要考虑长远合作，共同发展。

价格谈判是一个持续的过程，每个供应商都有其对应的学习曲线，在供货一段时间后，其成本会持续下降。在后续的供应商关系管理中，通过与这些表现优秀的供应商达成战略联盟，可促使供应商提出合理的改进供应方案，以最大限度节约成本。

价格谈判成功以后，就可以签订试运作协议，进入采购供应试运作阶段。

(6) 供应商辅导

价格谈好以后的试运行阶段，供应商将与企业建立起一种紧密关系，参与试运作。这时企业要积极参与辅导、合作。企业应当根据自身生产的需要，也要根据供应商的可能，来共同设计规范相互之间的作业协调关系，制定一定的作业手册和规章制度；并且为使供应商适应企业的需要，在管理、技术、质量保障等方面进行辅导和协助。

【资料卡】

本田公司的供应商辅导策略

日本本田公司的采购哲学体现了对供应商发展的承诺。这种哲学用于实际操作的一个例子，已经成为本田公司的一个经典故事。20 世纪 90 年代初，本田公司发现一个与其长期合作的供应商的供货存在极大的质量问题，本田公司经过调查得出的结论是，这家小型独立供应商在试图为本田公司的增长提供支持的过程中，所进行的扩展已经超出了其组织的条件。

本田公司没有终止与这家供应商的来往去另找一家更先进的能绝对满足自己需要的供应商，而是由采购部门安排了 4 个人去帮助这家有麻烦的供应商。本田公司的团队租用公寓，进驻工厂，在随后的 10 个月的时间里，帮助该供应商开发了支持规模扩展所需的企业业务。该供应商现在已具备了长期为本田公司提供支持的能力。

(7) 追踪考核

在试运行阶段，要对供应商的物资供应业务进行追踪考核，包括检查产品质量是否合格、交货是否准时、交货数量是否满足要求等，同时也要进行信用度的考核。

(8) 供应商选择

根据考核结果，优秀者可以通过试运行，结束考核期，签订正式供需关系合同，成为企业正式的供应商，建立一个比较稳定的供需关系。其他的则不能通过试运行，应当结束考核、终止供需关系。选择好的供应商，不仅对企业的正常生产起决定作用，而且对企业的发展也非常重要。

想一想

某家大型电子企业集团制订了年度供应商实地考察计划，要求每季度对所有的 100 多家供应商进行实地考察，这意味着每年度采购部门要拜访 400 多次供应商。采购人员花费了大量时间，感觉力不从心。

请问：为什么会出现这种情况？

(9) 供应商的使用

选定供应商之后，就应与其签订正式的供应商关系合同，进入正常使用阶段。在业务运

作的开始阶段，要加强指导与配合，对供应商的操作提出明确的要求，同时，在初期还要加强评估与考核，不断改进工作和配合关系，在合作比较成熟以后，还应注意检查、合作和协商，以保持业务运行的健康、有序，形成双赢的合作关系。

(10) 供应商的激励和控制

在供应商的整个使用过程中，要加强激励和控制，一方面采取积极的措施鼓励供应商做好物资供应工作，另一方面还应对其进行监督和控制，约束和防范供应商的不正当行为，从而保证与供应商的合作关系和物资供应业务的正常进行。

四、供应商管理

1. 供应商管理的含义

供应商管理就是对供应商的了解、选择、开发、使用和控制等综合性的管理工作总称。其中，了解是基础，选择、开发、控制是手段，使用是目的。供应商管理的目的就是要建立起一个稳定可靠的供应商队伍，为企业生产提供可靠的物资供应。

供应商的一个特点，就是他们都是与购买者相对独立的利益主体，而且是一个追求利益最大化的利益主体。按传统的观念，供应商和购买者是利益相互冲突的矛盾对立体，供应商希望从购买者手中多得一点，而购买者希望向供应商少付一点。为此供应商常常精打细算，甚至在物资商品的质量和数量上做文章，以劣充优、降低质量标准、减少数量、制造假冒伪劣产品坑害购买者。购买者为了防止伪劣质次品入库，需要花费很多人力、物力加强物资检验，大大增加了采购检验的成本。因此，供应商和购买者之间，既互相依赖，又互相对立，彼此相处总是维持一种提心吊胆、相互设防的紧张关系。这种紧张关系，对双方都不利。这些都直接影响企业生产和成本效益。

相反，如果找到一个好的供应商，不但物资供应稳定可靠，质优价廉，准时供货，而且双方关系融洽，互相支持，共同协调，这样的采购管理，对企业的生产和成本效益都会有很多好处。

企业在供应链管理环境下与供应商的关系是一种战略性合作关系，提倡一种双赢(Win-Win)机制。企业在采购过程中要想有效地实施采购策略，充分发挥供应商的作用就显得非常重要，采购策略的一个重要方面就是要搞好供应商的关系管理，逐步建立起与供应商的合作伙伴关系。

供应商管理的重要性早在20世纪40年代就受到发达国家的重视，60多年来随着经济环境的变化，不断地出现新的内容，现在供应商管理已经有了很多优秀的理论和实践成果。供应商管理在采购管理中是一个极其重要的问题。

为了创造出这样一种供应商关系，有必要注重供应商的管理工作，通过多方面持续努力，去了解、选择、开发供应商，合理使用和控制供应商，建立起一支可靠的供应商队伍，为企业生产提供稳定可靠的物资供应保障。供应商管理是搞好采购管理所必须完成好的基础工作，只有建立起一个好的供应商队伍，采购工作才能比较顺利地进行。

【资料卡】

建立双赢的合作伙伴关系

日本的一家座椅厂同时为马自达汽车公司和通用汽车公司提供汽车座椅，马自达公司对这家座椅厂的产品质量和服务都感到相当满意，而通用公司感到相当不满意，并警告说，如果不尽快改善，通用公司在下一年度将中止合作。这家座椅厂感到很紧张。于是在通用公司的CEO访问日本时，这家座椅厂的老板拜访了他。通用公司的CEO知道这件事后也感到惊讶：为什么马自达公司会相当满意，通用公司却相反？原来，马自达公司有一个专业小组，专门负责与这家座椅厂联络，进行现场的供应商关系管理。当马自达公司有任何需求、意见和建议，以及新的发展信息时，这个专业小组会在第一时间与座椅厂协商，及时处理，敏捷反应；而座椅厂有任何变化、新的设想等信息，专业小组也会在第一时间反馈给马自达公司。这个专业小组还根据马自达公司的要求、标准进行技术指导和培训，以实现全面质量管理和准时交付，并有效控制成本，由此而产生的效益由双方共享，如成本降低10%后，双方各分享5%，从而在双方的共同努力下，使产品质量不断提高，产品成本不断降低。通用公司与这家座椅厂的供应关系则主要建立在正式合同基础上，供应商关系管理不细致。

请问：从这个案例中可以得到哪些启示？

2. 企业与供应商关系的类型

企业可以根据与供应商的关系不同对供应商实行不同的分类，主要有以下几种方法：

(1) 按供应商的重要程度分类

按供应商的重要程度分类分为“重点型”供应商、“伙伴型”供应商、“商业型”供应商和“优先型”供应商，如图3—1—1所示。

1)“伙伴型”供应商。“伙伴型”供应商是指如果供应商认为本单位的采购业务对其非常重要，供应商自身又有很强的产品开发能力，同时该采购业务对本单位也很重要，那么这些与采购业务对应的供应商就是“伙伴型”供应商。

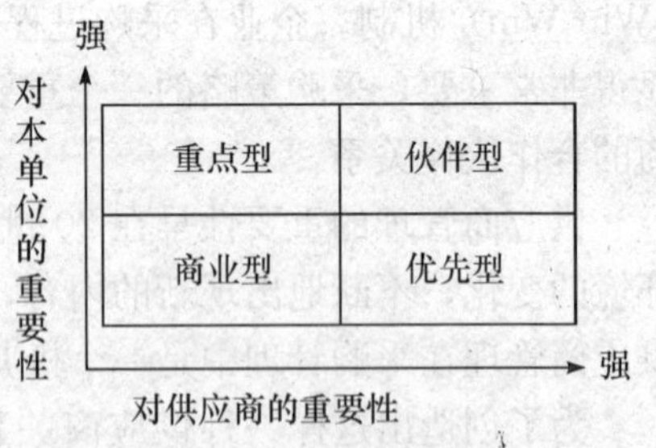

图3—1—1　供应商按重要程度分类

2)“优先型”供应商。“优先型”供应商是指如果供应商认为本单位的采购业务对其非常重要，但该项业务对于本单位却并不十分重要，这样的供应商无疑有利于本单位，因此，被称为“优先型”供应商。

3)“重点型”供应商。“重点型”供应商是指如果供应商认为本单位的采购业务对其无关紧要，但该采购业务对本单位却是十分重要的，这样的供应商需要特别注意，并改进提高，叫做“重点型”供应商。

4)“商业型”供应商。“商业型”供应商是指对于那些对供应商和本单位来说均不是很重要的采购业务，相应的供应商可以很方便地选择和更换，那么这些与采购业务对应的供应商就是“商业型”供应商。

(2) 按采购物品的价值分类

按采购物品的价值大小分类可分为重点供应商和普通供应商。

根据采购的80/20规则，通常数量80%的采购物品（普通采购物品）占采购物品20%的价值，而其余数量20%的物品（重点采购物品），则占采购物品80%的价值。相应地，可以将供应商划分为重点供应商和普通供应商，即占80%采购金额的20%的供应商为重点供应商，而其余只占20%采购金额的80%的供应商为普通供应商。

对于重点供应商，应投入80%的时间和精力进行管理与改进，这些供应商提供的物品为企业的战略物品或需集中采购的物品。而对于普通供应商则只需要投入20%的时间和精力。因为这类供应商所提供的物品的运作对企业的成本、质量和生产的影响较小。例如汽车厂需要采购的发动机和变速器，电视机厂需要采购的彩色显像管等物品的供应商就属于重点供应商，而这些厂家需要的办公用品、维修备件、标准件等物品的供应商则为普通供应商。

(3) 按供应商的规模和经营品种分类

如图3—1—2所示，按供应商的规模和经营品种分类可以分为“专家级”供应商、“行业领袖”供应商、“低量小规模”供应商和“量小品种多”供应商。

1)“专家级”供应商。“专家级”供应商是指那些生产规模大、经验丰富、技术成熟，但经营品种相对少的供应商，这类供应商的目标是通过竞争来占领扩大市场。

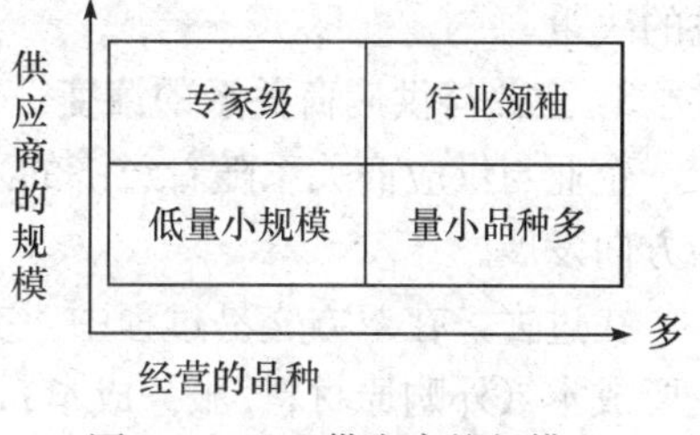

图3—1—2 供应商按规模和经营品种分类

2)“行业领袖”供应商。“行业领袖”供应商是指那些生产规模大、经营品种也多的供应商，这类供应商财务状况比较好，其目标为立足本地市场，并且积极拓展国际市场。

3)“低量小规模”供应商。“低量小规模”供应商是指那些经营规模小、经营品种也少的供应商。这类供应商生产经营比较灵活，但是增长潜力有限，其目标仅是定位于本地市场经营的品种。

4)“量小品种多”供应商。“量小品种多”供应商虽然生产规模小，但是其经营品种多，这类供应商的财务状况不是很好，但是其潜力可培养。

(4) 按与供应商的关系目标分类

按与供应商的关系目标分类可分为“短期目标型”供应商、“长期目标型”供应商、“渗透型”供应商、“联盟型”供应商和“纵向集成型”供应商。

1) 短期目标型。短期目标型的最主要特征是双方之间的关系为交易关系。双方所做的努力只停留在短期的交易合同上，各自关注的是如何谈判，如何提高自己的谈判技巧，不使自己吃亏，而不是在双赢的基础上使得双方的关系获得进一步的发展。当买卖完成时双方关系也终止了。双方只有供销人员有联系。

2) 长期目标型。长期目标型是指采购上与供应商保持长期的关系，双方为了共同利益而改进各自的工作，并在此基础上建立起超越买卖关系的合作。长期目标型的特征是从长远利益出发，相互配合，不断改进产品质量与服务水平，共同降低成本，提高供应链的竞争力。合作的范围遍及公司内的多个部门。例如由于是长期合作，可以对供应商提出新的技术要求，而如果供应商目前还没有这种能力，采购方可以对供应商提供技术、采购管理和实务资金等方面的支持，从而实现双方的长期合作。

3）渗透型。渗透型是在长期目标型基础上发展起来的。其指导思想是把对方公司看成自己公司的一部分，因此，对对方的关心程度又大大提高了。为了能够参与对方的业务活动，有时会在产权关系上采取适当的措施，如互相投资、参股等，以保证双方利益的一致性。在组织上也采取相应的措施，保证双方派员加入对方的有关业务活动。这样做的优点是可以更好地了解对方的情况，供应商可以了解自己的产品在对方是怎样起作用的，所以容易发现改进的方向，而采购方也可以知道供应商是如何制造的，对此可以提出相应的改进要求。

4）联盟型。联盟型是从供应链角度提出的。它的特点是从更长的纵向链条上管理成员之间的关系。双方维持关系的难度提高了，要求也更高。由于成员增加，往往需要一个处于供应链上核心地位的企业出面协调成员之间的关系，它常常被称为“供应链核心企业”。

5）纵向集成型。纵向集成型是最复杂的关系类型，即把供应链上的成员整合起来，像一个企业一样，但各成员是完全独立的企业，决策权属于自己。在这种关系中，要求每个企业在充分了解供应链的目标、要求，充分掌握信息的条件下，自觉做出有利于供应链整体利益的决策。

3. 企业与供应商关系的演变

企业与供应商关系随着经济的发展不断演变，由传统的竞争关系向双赢的战略伙伴关系的方向发展。

在过去，在双方交易过程中，交易价格往往成为双方力争的焦点，供应价格被视作一项主要成本（外购原材料/服务成本），供应商管理的核心内容是如何降低价格。因此通常采用公开招标、威胁、换人、谈判车轮战、延长付款期等方式迫使对方在价格上做出让步。尽管这些方法能够起到一定降低成本的作用，但造成购销双方关系紧张，很难进行深入合作。

随着社会经济和技术的进步，各种新资源不断出现，利用率不断提高；知识、信息的应用日趋强化；用户消费不断趋于理性化；政治因素与经济、市场相互影响不断扩大。这一切都迫使企业重新审视其与供应商的关系。卓有远见的管理者开始认识到，与供应商的关系不仅仅是竞争，新的市场环境下更需要合作，与供应商形成合作伙伴关系，从而使企业、使整个供应链获得不同于传统供应商关系的资源优势和新生产能力优势。新的战略供应商关系已成为趋势，在更紧密的共同利益联系下，游戏规则从单赢变成了双赢，供应链的双方有了共同目标。供应商成本的各项组成都成为买方的供应商管理的内容。例如，针对供应商的生产成本进行产品规格改进，针对供应商的销售成本和运输成本进行共同流程改进，针对供应商库存成本和管理费用、供应商选择与管理重新设定服务水平等。

想一想

某电子公司的采购经理刚刚获悉，在提供给客户的设计方案中用到的一款IC器件在3个月前供应商就已经停产了。但制造部门已经利用该器件的库存进行了生产，并开始陆续交货。客户现在有新的订单进来，采购部门却无法获得之前所采用的IC器件，而这一器件的库存也已全部用完。现在需要采用新的器件重新设计方案，然后给客户确认，这一过程至少需要一个多月的时间，可是新订单却要求下周就要交货。

为什么会出现这种情况？

4. 双赢供需关系的确立

双赢供需关系指在相互信任的基础上，由双方为着共同的、明确的目标而建立的一种长期的、合作的关系，它要求双方有着共同的目标，相互信任，共担风险，共享信息，共同开发和创造。这是一种基于相互信任，通过彼此间的信息沟通，实现风险共担和利润共享的一种企业关系。

（1）建立双赢供需关系的意义

1）缩短供应商的供应周期，降低交易成本，提高供应的灵活性。建立双赢的供需关系使得购买与销售关系更加稳定，企业之间就能发展效率更高的、更专业化的生产过程，上游企业调整它的产品，使之完全满足下游企业的需要或者下游企业调整自身使之更加适合上游企业产品的特性。而一个独立的供应商在成交过程中都面临着被其他竞争者排挤的竞争风险。长久稳定的伙伴关系可以和供应商建立专门的交易过程，包括专业化的后勤系统、特殊的包装、记录保障及控制的独特安排，以及其他降低成本的方式，缩短供应商的供应周期，提高供应的灵活性。

2）减少原材料、零部件的库存，降低行政费用，加快资金周转。由于供需双方建立了双赢的伙伴关系，双方能够共享信息，供应商能够准确地知道企业的生产和库存情况，在需要时及时供货，从而降低了库存成本，减少了企业的资金占用，提高了资金周转速度。

3）提高供需双方总体经济效益。从理论角度出发，一个成功的客户与供应商的战略伙伴关系，对企业产生的影响，与企业间的纵向整合类似。也就是说，通过上、下游企业间的合作或合并，使企业在生产、销售、购买、控制的各个领域里，都获得经济效益，或节约成本。显然，两个具有供应关系的企业间的合作，使得不同技术的生产作业联合起来，有利于企业提高生产效率。

4）降低交易成本。双赢的供需关系使得买卖双方更加密切，双方可以分摊收集、分析信息的成本，能够减少双方在销售、定价、谈判以及市场交易等方面的部分成本。此外，稳定的关系，使得双方可以集中精力发展各自的核心技术，提高产品质量，促使企业获得更高的效益。

【资料卡】

建立战略伙伴关系的意义

大量的实证研究证实了战略伙伴关系可以为企业创造新的利润空间。麦肯锡公司的一个研究结论表明：美国一个重要的机械设备设计和制造厂商，在供应商管理方面，每年投入2.8亿美元，因此而节约的成本则为50亿美元。另一个年销售额大约为100亿美元的电子商务企业，因战略联盟节约的成本大约为510亿美元。由此可见，建立战略伙伴关系对企业意义重大。

(2) 建立双赢供需关系的实施原则

1) 创建双赢前提。传统的生意是双方各不相让，定要决出胜负。一方试图保持绝对优势，另一方会很难接受（而且极少接受），这样双方就不可能很投入。如此下去，一方不可避免地会离开，结果只能不欢而散，供应商和买家的关系也是如此。现在这种竞争必须代之以双方更多的合作，而合作的前提必须是对双方都有利。新的关系模式中对方是伙伴而不是对手，对手之间互相隐瞒计划或意向，伙伴之间则可以自由分享，双方共享对方的使命、远见和价值尤为重要。如果有一个共同的目标，合作就能进行下去并不断发展，因此，寻求一种共赢的前提是非常必要的。

2) 正确处理交易价格与双方利益的关系。传统的采购管理，供需双方往往是竞争的关系，双方的利益是对立的，价格是利益冲突的焦点，买方总是设法压低价格，而卖方则恰恰相反。当然，在企业的采购过程中，降低采购成本是非常必要的。但是，如果过分强调节约成本，也会给企业带来不良的影响。例如，迫使供应商不断降价，甚至为了获得最低价不惜频繁更换供应商。这样做最终会导致各种不良后果：所采购的货物质量难以保证，不可避免地延迟交货，供应商根本不能完成工作等。这样，即使降低采购成本的动机是好的，但最终会对公司的利益产生负面影响，无法保证生产的需要，使企业遭受损失。建立在双赢供需关系上的采购则不同，它是在双方互利基础上的采购，注重的是双方都获益。

所以说，无论是买方市场还是卖方市场，都应同供应商建立互惠互利的合作关系，只有双方利益都得到保障，才能最终保障自己的利益。

3) 建立信息交流与共享机制。信息交流与共享有助于促进重要生产信息的自由流动。双赢的供需关系要求在企业与供应商之间经常进行有关成本、作业计划和质量控制信息的交流与沟通，并使供应商参与有关产品开发设计等活动，保持信息的一致性和准确性。必要时，还应进行互访，及时发现和解决各自在活动过程中出现的问题和困难，利用现代信息系统进行交流，保证双方信息的畅通，增进双方的了解。

4) 对供应商实施有效的激励。实施双赢的供需关系还应该注意对供应商实施有效的激励。没有有效的激励机制，就不可能维持良好的供应关系。常用的激励措施如给予供应商价格折扣和赠送股权等，让供应商来分享企业的成功，并且对供应商的业绩进行评价，使供应商不断改进。

五、供应商考评

1. 供应商考评的对象

供应商的考评是对已经通过认证的、正在为企业提供服务的供应商进行的定期监控、考核和评比。现代企业对供应商的管理已越来越重要，供应商的业绩对制造企业的影响越来越大，在交货、产品质量、提前期、库存水平和产品设计等方面都影响着采购能否成功。因此，企业需要对供应商的开发、控制、评价、评定及重新确定双方合作关系等多方面进行跟踪，保证企业供应链系统的稳定和高效运作。

供应商考评的目的就在于了解供应商的表现，促进供应商提升供应水平，并为供应商奖惩提出依据，确保供应商为企业提供优质的产品和服务。同时进行优胜劣汰，淘汰不合格的供应商，开发有潜质的供应商，不断推陈出新，为日后更好地完成供应活动打下良好的基础。

目前，企业的管理流程不再是以生产管理作为起点，而是延展到对上游的供应系统统筹安排，设计一种能最大限度地降低风险、强化竞争优势的合理的供应结构，并且与供应商建立一种能促使其不断降低成本、提高产品质量的长期的战略合作关系，以此增强本企业以至于整个供应链的竞争实力。

2. 供应商考评的指标

供应商考评的指标是对供应商进行综合评价的依据和标准，不同行业、企业、不同环境下的供应商评价标准不同，但总的来说主要从产品质量、供应状况、价格及服务等几个方面加以考虑。

（1）质量指标

1）产品质量指标。供应商产品质量指标是供应商考评的最基本指标，包括来料批次合格率、来料抽检缺陷率、来料在线报废率和供应商来料免检率等。检查可分为两种，一种是全检，一种是抽样检验。全检工作量太大，故一般采用抽样检查的方法。其中，来料批次合格率是最为常用的产品质量考核指标之一。

$$来料批次合格率=\frac{合格来料批次}{来料总批次}\times 100\%$$

$$来料抽检缺陷率=\frac{抽检缺陷总数}{抽检样品总数}\times 100\%$$

$$来料在线报废率=\frac{来料总报废数（含在线生产时发现的）}{来料总数}\times 100\%$$

$$来料免检率=\frac{来料免检的种类数}{该供应商供应的产品总种类数}\times 100\%$$

$$退货率=\frac{退货量}{采购进货量}\times 100\%$$

2）工作质量指标。工作质量指标，可以用交货差错率和交货破损率来描述：

$$交货差错率=\frac{期内交货差错量}{期内交货总量}\times 100\%$$

$$交货破损率=\frac{期内交货破损量}{期内交货总量}\times 100\%$$

（2）供应指标

供应指标是同供应商的交货表现及供应商企划管理水平相关的考核因素，主要是考察供应商的准时交货情况。主要有准时交货率、未按时交货率、交货周期、订单变化接受率、总供货满足率和总缺货率等。

$$准时交货率=\frac{按时按量交货的实际批次}{订单确认的交货总批次}\times 100\%$$

$$未按时交货率=\frac{未按时按量交货的实际批次}{订单确认的交货总批次}\times 100\%$$

交货周期：自订单开出之日到收货之时的时间长度，常以天为单位。

$$订单变化接受率=\frac{订单增加或减少的交货数量}{订单原定的交货数量}\times 100\%$$

$$总供货满足率=\frac{期内实际完成供货量}{期内应当完成供货量}\times 100\%$$

$$总缺货率=\frac{期内实际未完成供货量}{期内应当完成供货量}\times 100\%。$$

（3）价格指标

价格指标就是供货的价格水平。考核供应商的价格水平，可以和市场同档次产品的平均价和最低价进行比较，分别用市场平均价格比率和市场最低价格比率来表示。

$$平均价格比率=\frac{供应商的供货价格-市场平均价}{市场平均价}\times 100\%$$

$$最低价格比率=\frac{供应商的供货价格-市场最低价}{市场最低价}\times 100\%$$

（4）支持、配合与服务指标

主要考核供应商的协调精神。在和供应商相处过程中，常常因为环境的变化或具体情况的变化，需要把工作任务进行调整变更，这种变更可能要导致供应商的工作方式的变更，甚至导致供应商要做出一点牺牲。这时可以考察供应商在这方面积极配合的程度。相关的指标具体如下：

1）反应表现。对订单、交货、质量投诉等反应是否及时，答复是否完整，对退货、挑选等是否及时处理。

2）合作态度。是否将本公司看成是重要客户，是否能整体配合并满足本公司的要求。

3）共同改进。是否积极参与本公司相关的质量、供应、成本等改进活动，配合本公司开展的质量体系审核等。

4）其他支持。是否积极接纳本公司提出的有关参观、访问事宜，是否积极提供本公司要求的新产品报价与送样，是否保证不与影响到本公司切身利益的相关公司或单位进行合作等。

3. 供应商考评的方法

对供应商考评的方法很多，有定性分析法、定量分析法以及定性与定量相结合的方法。具体如下：

（1）定性分析法

该方法主要是评估人员根据以往的资料和经验，对评估对象做出分析和判断，从而对供应商进行考评。如直观判断法就属于这样一种方法。该方法操作简单、迅速，但有些时候不够精确。

（2）定量分析法

该方法主要采用定量计算的方式来进行供应商的考评，如采购成本分析法。这种方法需要准确的定量数据，在这个基础上用科学的方法进行分析与评估，最后确定每个供应商的考评结果。该方法准确科学，但系统全面的数据很难收集到，而且有些指标根本无法用数据来衡量。

（3）定性与定量相结合的方法

在对供应商进行考评时，有些指标是定量指标，有些指标是定性指标，采用定性与定量相结合的方式，使得考评结果更加准确、全面。在大的企业集团，对供应商的管理评价一般是由采购经理领导进行的。采购部门根据不同标准对供应商进行分类，并根据其供应情况计算出企业设定的评价指标。在此基础上，得出对某一供应商的总体评价，所以常常采用综合评判法。具体步骤如下：

1）根据考评目标确立供应商考评的指标体系。

2）确定每个指标的权重系数。

3）进行综合评判。其公式如下：

$$Z_i = \sum y_{ij} \cdot W_j$$

式中　Z_i——第 i 个供应商综合评价值；

y_{ij}——第 i 个供应商第 j 项指标的评价值；

W_j——第 j 项指标的权重。

综合评价值 Z 越高，说明供应商总体绩效越好。

以下为供应商考评的综合实例应用，见表 3—1—1。

表 3—1—1　　供应商绩效考评应用表

供应商名称		联系人		
地址与邮编		联系电话		
指标	权重	测量方法	得分	考核人
价格	最高分为 40 分 标准分为 20 分	根据市场最高价、最低价、平均价、自行估价制定一定标准价格，对应分数为 20 分 每高于标准价 10%，标准分扣 2 分，每低于标准价 1%，标准分加 2 分 同一供应商供应几种物料，得分平均计算		
质量	30 分	以交付批退率考核： 批退率＝退货批次/交货总批次 得分＝30 分×（1－批退率）		
交货	20 分	以逾期率考核： 逾期率＝逾期批次/交货批数 得分＝20 分×（1－逾期率） 另外：逾期 1 天，外扣 1 分；逾期造成停工待料 1 次，扣 2 分		
配合度	10 分	出现问题，不太配合解决，每次扣 1 分 公司会议正式批评或抱怨 1 次扣 2 分 顾客批评 1 次扣 3 分		

注：1. 得分在 85～100 分者为 A 级，A 级为优秀供应商，可加大采购量。

2. 得分在 70～84 分者为 B 级，B 级为合格供应商，可正常采购。

3. 得分在 60～69 分者为 C 级，C 级为应辅助供应商，需进行辅助，减量采购或暂停采购。

4. 得分在 59 分以下者为 D 级，D 级供应商为不合格供应商，应予以淘汰。

4. **供应商考评的步骤**

供应商考评的步骤通常有以下几个方面：

（1）确定考评对象

企业与供应商的关系具有多种类型，在考评之前必须确定考评对象是哪一种类型的供应商，一般来说考评大都是针对愿意与企业建立供应链合作关系的供应商。

（2）制定考评目标

进行供应商考评，首先应建立考评目标。如以提高供货质量为目标，以降低成本为目标或以整体绩效综合评价为目标等。目标确定之后才能对供应商进行考评。

（3）组建考评小组

企业还应建立考评小组，组员以来自采购、质量、生产和技术等与供应商合作关系密切的部门的成员为主，组员必须有团队合作精神。评价小组必须同时得到制造商企业和供应商企业最高领导层的支持。

（4）建立考评指标体系

供应商综合评价的指标体系是企业对供应商进行综合评价的依据和标准，根据考评目标不同应建立不同的指标体系。指标体系的确立要注意系统全面性、简明科学性、稳定可比性、灵活可操作性的原则，

（5）选择考评方法

考评供应商的方法很多，但大都选用综合评判法。

（6）供应商考评

评价供应商的一个主要工作是调查、收集有关供应商的全方位信息。在收集供应商信息的基础上，就可以利用一定的工具和技术方法进行供应商的评价了。

（7）考评结果分析

对考评的最终结果进行认真分析，包括总体服务水平、采购成本的大小和结构、现有供货能力与企业要求和目标的差距等问题。然后对所有这些问题的原因进行分析，提出相应的改进措施，进一步分析改进过程中的制约因素是什么，对这些制约因素应采取什么样的措施才能消除。这个过程非常重要，它涉及今后供应商的使用、激励以及与供应商建立何种关系等问题。

5. **供应商考评结果处理**

企业对供应商的管理不是单向的，而是需要和供应商建立合作伙伴关系，以实现共同发展。因此，很多企业应将评价结果反馈给供应商，共同探讨提高合作效率的途径。通过对供应商的考评可以看出不同的供应商与企业合作的效果，企业可以根据分项指标和综合指标来加以分析，对不同的供应商采用不同的处理方案。具体结果如下：

（1）继续深入合作

对于考评的各项指标及综合指标都比较好的供应商，企业应进一步与其加强合作，并设法与其建立长期的战略伙伴关系，采用更强的激励措施，使其更好地为企业服务。

（2）维持现有状态

有些供应商总体考核结果较好，但个别指标需加以改进，这种情况下，应继续与其合作，但应指出其不足，并要求他加以改进。有些供应商尽管存在问题较多，但对企业很重要，若其能对不足之处加以改进，达到企业要求，也可继续维持与其合作。

（3）减少对其货物的采购量或淘汰

对于存在问题较多的供应商，可暂停或减少对其货物的采购量，根据其改进结果再做出继续使用或淘汰的决定。

【资料卡】

供应商考核方案

一、目的

为保证本公司所需物资得到有效、及时供应，保证本公司产品质量的稳定和提高，特制订此方案以不断改善公司的采购工作，提高供应商的供货能力。

二、适用范围

适用于向本公司提供产品（外购、外协）及服务的供应商的评估考核及选择。

三、职责划分

副总经理负责供应商考核结果的裁决，采购部人员负责供应商交付期指标与其他部分指标的评分量，质量管理部负责供应商所供应产品的质量及其他相关方面的评分。

四、考核实施细则

1. 考核类别

考核分为月度考核与年度考核两种。

2. 考核项目及评分标准

对供应商的考核，主要从产品质量状况、产品交付情况、产品价格水平、服务质量与管理能力 5 个方面进行，其评分标准见下表 3—1—2。

表 3—1—2　　考核项目及评分标准

考核内容及权重		考核标准			考核得分
考核内容	权重（%）	评分标准	最高分	最低分	
产品质量状况	60	1. 主要从进料检验合格率与现场生产不良退货率两方面考核 2. 进料检验合格率达到____%，每低 1%，减____分 3. 现场生产不合格率低于____%，每高 1%，减____分			
交付情况	15	准时交货率达到____%，每低 1%，减____分			
价格水平	10	与同类产品采购价格的市场平均水平相比较，划分为偏高（____分），居中（____分），偏低（____分）三个等级			
服务质量	10	满意度评价达到____分，每低 5 分，减____分			
管理能力	5	要从管理人员的流动率、员工培训状况、企业发展前景方面进行考核，具体考核标准根据公司管理能力			

五、考核结果及运用

将对供应商的考核结果分为 4 个类别，具体内容见表 3—1—3。

表 3—1—3 考核结果及运用

考核得分	供应商类别	运用
90～100 分	一级供应商	优先采购
80～89 分	二级供应商	继续合作，但要求其对不足之处予以改善
70～79 分	三级供应商	要求其对不足之处予以改善，根据改善后的结果决定是否进行采购，是否减少采购等
69 分以下	四级供应商	暂停或减少对其货物的采购数量，并通知供应商提高供货能力，改进供货工作

任务实施

本任务的重点在于为新车型 FBI-RR3 型自行车选择合适的零部件供应商，为下一步 FBI-RR3 型自行车大规模生产，迅速占领市场做好准备。

1. 分析供应市场竞争环境及企业需求特点

新车型 FBI-RR3 型自行车经过一个月试生产后，计划大规模生产。根据先期投放市场的 FBI-RR1 型自行车销售情况预计，大规模生产后半年内的预期销售情况见表 3—1—4。

表 3—1—4 FBI-RR3 型自行车主产品预期销售情况表

时期（月）	第 1 月	第 2 月	第 3 月	第 4 月	第 5 月	第 6 月	合计
FBI-RR3 型自行车自行车（件/月）	250	500	750	1 500	2 500	3 000	8 500
FBI-RR3 型自行车把手（件/月）	0	25	50	75	150	250	550
FBI-RR3 型自行车轮子（件/月）	0	0	25	50	75	150	300

通过查找采购部门的供应商资料表，获知 FBI 系列车型供应商资料，见表 3—1—5。

表 3—1—5 FBI-RR3 型自行车系列车型供应商资料表

供应商代码	供应商名称	供应产品/材料	月供货量（件）	订单提前期（天）	信誉度	负责人	电话与传真
A—1	TD 商贸有限公司	FBI 系列把手	10 000	7	★★★★★	陈××	0512—5394×××6
A—2	SS 贸易有限公司	FBI-RR3 型自行车专用轮子	12 000	7	★★★★★	陶×	0512—5357×××9
A—6	JC 材料厂	FBI-RR3 型自行车专用轮子	1 000	15	★★★★	杨×	023—4847×××6
A—9	XK 五金装配公司	五金件	20 000	15	★★★★	高×	028—8694×××1
A—11	KQ 润滑油公司	润滑油	5 000	15	★★★★★	陈××	028—8333×××9

2. 明确供应商选择的目标

为保证 FBI-RR3 型自行车迅速占领市场，就必须保证半年内的成品供应，不能出现缺货或是断货的现象，这就要求生产不能停顿，生产不能停顿的前提条件是供应商原材料的保

证供应。

随着车型在市场上的逐步成熟和与供应商合作的深入，慢慢与供应商建立稳定的合作关系，逐步降低采购成本，最终实施有效的供应链管理。

3. 建立供应商的评价标准

根据供应商选择的目标，确定月供货量为主要评价标准；另外，评价标准包括价格、质量、交货期、服务、柔性和信誉等。

4. 确定供应商选择的方法

根据直观判断法在考虑月供货量的基础上进行选择。

5. 评价与选择供应商

根据评价标准与评价方法，对供应商进行评价与选择。最终选定供应商见表3—1—6。

表3—1—6　　FBI-RR3型自行车供应商资料表

供应商代码	供应商名称	供应产品/材料	月供货量（件）	订单提前期（天）	信誉度	负责人	电话与传真
A—1	TD商贸有限公司	FBI系列把手	10 000	7	★★★★★	陈××	0512—5394×××6
A—2	SS贸易有限公司	FBI-RR3型自行车专用轮子	12 000	7	★★★★★	陶×	0512—5357×××9

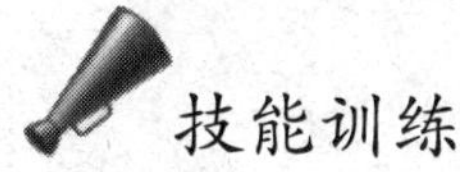

技能训练

供应商开发与考评

背景资料

×××学院拟为各教学单位教师改善办公条件，初步计划为每位坐班教师配备一台计算机，为每个办公室配备一台公用计算机，为坐班教师办公室配备打印机、传真机、复印机各一台，为其他办公室各配备打印机一台，其余办公设备，按需购买。

经过前期的采购需求确定以及采购计划与预算分析，就进入了采购实施的环节，而采购实施从选择供应商开始。

一、训练目标

1. 加深对供应商管理的认识。
2. 掌握供应商的开发及考评方式。
3. 具有综合考评供应商的能力。

二、训练准备

1. 以6～8人为一组，选出组长一名。
2. 每组为调查的教学单位进行供应商开发与考评。
3. 联系相关企业不少于3家。
4. 设计供应商调查与考评的表格。

三、训练步骤

1. 调研供应市场及供应商的相关资料。

2. 将调研到的资料进行整理。
3. 确定评价指标体系。
4. 选定考评办法，确定考评方案。
5. 对供应商进行考评。
6. 将考评方案进行展示。

四、注意事项

1. 注重供应商品的性价比及实用性。
2. 注意供应商品的特价活动及国家补贴政策。
3. 注意供应商品的质量及保修政策。
4. 注意订单容量，尽量开发不同的供应商或制定供应商组合策略。
5. 关注支付方式、到货时间、安装调试等其他事宜。
6. 评价指标应具有全面性、系统性。
7. 注意沟通技巧。
8. 注意团队的合作意识和严谨认真的工作态度。

五、评分标准

1. 对开发供应商的了解是否深入细致（20 分）。
2. 对开发供应商的供应是否调研缜密（30 分）。
3. 考评指标体系是否全面系统（20 分）。
4. 综合考评结果是否符合实际（30 分）。

任务2　采购谈判

学习目标

1. 掌握采购谈判的概念及程序；
2. 掌握采购谈判应对策略与技巧的能力。

任务引入

经过供应商选择环节，最终选定 FBI-RR3 型自行车供应商如下，见表 3—2—1。

因为 TD 商贸有限公司为 OYM 公司的伙伴型供应商，已经签署了为期 3 年的供货合同；所以，和 SS 贸易有限公司的采购谈判迫在眉睫，本任务要求组建谈判队伍，并完成技能训练。

表 3—2—1　　FBI-RR3 型自行车供应商资料表

供应商代码	供应商名称	供应产品/材料	月供货量（件）	订单提前期（天）	信誉度	负责人	电话与传真
A—1	TD 配套商贸有限公司	FBI 系列把手	10 000	7	★★★★★	陈××	0512—5394×××6
A—2	SS 贸易有限公司	FBI—RR3 专用轮子	12 000	7	★★★★★	陶×	0512—5357×××9

任务分析

要组建谈判队伍完成模拟谈判，需要了解谈判的基础知识、谈判人员配置、谈判基本流程及相关技巧。

相关知识

一、谈判的概念及构成要素

1. 谈判的概念

谈判是人类交往行为中一种非常广泛和普遍的社会现象。大到国家之间的政治、经济、军事、外交、科技和文化的相互往来，小到个人之间的交往，都离不开谈判。谈判涉及诸多领域，如政治领域、经济领域和军事领域等。那么，什么是谈判呢？谈判是参与各方为了满足各自的需求，协调彼此之间的关系，通过磋商而共同寻找双方都能接受的方案的活动。

谈判有广义和狭义之分。广义的谈判是泛指一切为需求意见一致而进行协商、交涉、商量和磋商的活动，可以说，广义的谈判在日常工作和生活中是随处可见的。狭义的谈判仅仅是指正式场合下的谈判，并且用书面形式予以反应谈判结果。

2. 谈判的构成要素

谈判的构成要素，是指从静态的角度分析构成谈判活动的必要因素。没有这些构成要素，谈判就无从进行。

（1）谈判主体

谈判主体指参加谈判活动的当事人。

（2）谈判客体

谈判客体指谈判中双方所要协商解决的问题，也就是谈判议题。

（3）谈判目的

谈判目的是构成谈判活动不可缺少的因素。

（4）谈判背景

谈判背景即谈判所处的客观条件，既包括了外部的大环境，如政治、经济、文化等，也包括了外部的微观环境，如市场、竞争情况等，还包括了参与谈判的组织和人员背景。

二、谈判的原则

1. 诚信原则

诚信原则是谈判首先必须遵守的原则。它包含两方面的意义：一方面，在谈判中，各方要有合作的诚意。在谈判中，双方的关系既有竞争的一面，又有合作的一面。但从根本上说，谈判各方是为了合作以取得谈判成功才到一起来的。因此，在谈判过程中，各方都应抱有合作的诚意，以诚相待，将己方的观点、要求明确地摆到桌面上来，求同存异，相互理解，这样会大大提高工作效率和增加相互信任。另一方面，经过谈判签约后各方也应高度重视信用，遵守诺言，建立一种互相信任的关系，为签约后的长期合作打下基础。

2. 双赢或多赢原则

双赢或多赢原则是指谈判应使谈判各方都取得利益，谈判取得成功的唯一标志是达成了于各方都有利的协议，而绝不是一方全胜，一方皆输。另外，人们在同一事物上的利益不一定就是矛盾的，是此消彼长的关系。他们很可能有不同的利益，在利益的选择上有很多途径。比如说一项产品出口贸易的谈判，卖方关心的可能是货款的一次性结算，而买方关心的是产品质量是否属于一流。因此，谈判的一个重要原则就是协调双方的利益，提出互利性的选择。

3. 明确利益目标的原则

按照目标从高到低的顺序，可分为最优期望目标、实际需要目标、可接受目标以及最低目标。

通常在实践中最优期望目标是可望而不可及的，很少有实现的可能，但是最优期望目标往往是谈判进程开始的话题。如果谈判者一开始就推出其实际希望达到的目标，那么，由于谈判心理作用和对方的预期目标，他将没有讨价还价的余地，最终反而达不到实际需求目标。

实际需求目标是谈判各方根据主客观因素，考虑到各方面的情况，经过科学论证、预测及核算后，纳入谈判计划的正式谈判目标，也是谈判者要调动各种积极因素，使用各种谈判策略，力争要达到的利益目标。

可接受目标介于实际需求目标和最低目标之间。在谈判过程中，由于对方能力有限，或者由于客观条件限制，不能达到实际需求目标时，应及时调整自己的利益目标，制定出相应的可接受目标。

最低目标则是谈判者必须死守的“最后防线”。如果没有最低目标作为心理底线，一方面，谈判当事人容易产生盲目乐观，对谈判过程中出现的众多意料不到的情况缺乏充分的思想准备；另一方面，明确最低目标也就知道了谈判有无继续进行下去的底线。

谈判目标的确定是一个非常关键的工作。首先，不能盲目乐观地将全部精力放在争取最高期望目标上，而很少考虑谈判过程中会出现的种种困难，造成束手无策的被动局面。谈判目标要有一点弹性，定出上、中、下限目标，根据谈判实际情况随机应变、调整目标。其次，所谓最高期望的目标不仅有一个，可能同时有几个目标，在这种情况下就要将各个目标进行排队，抓住最主要的目标努力实现，而其他次要目标可让步或降低要求。最后，己方最低限度目标要严格保密，除参加谈判的己方人员之外，绝对不可透露给谈判对手，这是商业机密。如果一旦疏忽大意透露出己方最低限度目标，就会使对方主动出击，使己方陷于被动。

4. 注重长期合作原则

一个谈判者应该有战略的眼光，不过分看重或计较一时一事的得失，更应注重长远，着眼未来。有时由于利益差距过大会使合作不成，这是正常的。但是，如果在谈判的过程中建立、维护和保持双方的友好合作关系，就为今后的发展开辟了广阔的道路。

5. 合法原则

任何谈判都是在一定的法律约束下进行的，谈判必须遵循合法原则。合法原则，是指谈判及其合同的签订必须遵守相关的法律法规。其主要体现在三个方面：谈判主体必须合法，谈判客体必须合法，谈判各方在谈判过程中的行为必须合法。只有在谈判中遵守合法原则，谈判及其协议才具有法律效力，当事各方的权益才能受到法律保护。

三、谈判的内容

谈判涉及的领域不同，谈判的主要内容也各式各样，这里主要介绍采购谈判的主要内容。

1. 产品条件谈判

采购的主角是产品或原材料，因此，谈判的内容首先是关于产品的有关条件的谈判。产品条件谈判有的复杂，有的简单，主要取决于采购方购买产品的数量和产品的品种、型号。对于采购方而言，如果购买的产品数量少，品种单一，产品条件谈判就比较简单；如果采购的产品数量多，品种型号也多，产品条件谈判就比较复杂。一般来说，产品条件谈判内容包括：产品品种、型号、规格、数量、商标、外形、款式、色彩、质量标准和包装等。

2. 价格条件谈判

价格条件谈判是采购谈判的中心内容，是谈判双方最为关心的问题。通常，双方都会进行反复的讨价还价，最后才能敲定成交价格。价格条件谈判也包括数量折扣、退货损失、市场价格波动风险、商品保险费用、售后服务费用、技术培训费用、安装费用等条件的谈判。例如，在购销谈判中，买方可以加大购买量来诱使卖方降低价格，这是数量因素在价格上的折算。另外，产品质量、付款条件等因素都可以影响最终的价格。但是，有些情况这种折算是行不通的。比如，卖方提供的产品质量低于买方的最低心理标准，这时候，即使卖方大幅降低价格，买方也可能会退货，甚至提出索赔。

了解了这一点之后，在采购谈判中就应该一方面要以价格为中心，坚持自己的利益，另一方面又不能仅局限于价格，应该拓宽思路，设法从其他利益因素上争取应得的利益。因为，与其在价格上与对手争执不休，还不如在其他利益因素上使对方在不知不觉中让步。这是从事商务谈判的人需要注意的。

3. 其他条件谈判

除了产品条件和价格条件谈判外，还有交货时间、付款方式、违约责任和仲裁等其他条件的谈判。

四、采购谈判的人员安排

人们常说，“不打无准备的仗”，谈判也是这样。不要小看了准备阶段，很多谈判都是因为事前没有充分准备，而在谈判中处处被动，处于下风。采购谈判能否取得成功，不仅取决于谈判桌上的唇枪舌剑、讨价还价，而且有赖于谈判前充分、细致的准备工作。

1. **组建谈判队伍**

谈判的主体是人，因此，筹备谈判的一个重要工作内容就是人员准备，也就是说组建谈判队伍。谈判队伍的素质及其内部协作与分工的协调对于谈判的成功是非常重要的。

应根据商务谈判的规模、复杂程度、时间长短和人员素质的要求来确定。一般小型、简单的谈判配备 1～2 人即可，但在谈判人员配备时要注意谈判者知识、经验和策略技巧的能力要与谈判任务相适应。大型、复杂的谈判由于涉及内容多、专业性强、工作量大、组织协调难度高配备的人员要多一些，有些重要的谈判甚至配备数十人。从管理学的管理幅度角度来讲，一般配备 8～10 人较合适。要包括一名首席谈判负责人、三名主谈判人和专业技术人员，在配备人员时也要注意谈判者知识、经验、策略技巧和能力与谈判任务相适应。大、中型国际谈判中还必须配备律师、经济师、工程师和译员。“三师”在谈判中各负其责，各把其关避免谈判失误，配备译员的好处是既可以使主谈获得一次更改错误的机会，也可以使主谈更好地进行察言观色。除此之外，在商务谈判人员配备时也要注意谈判人员知识、性格、年龄等的互补性。

2. **谈判人员应具备的素质**

（1）良好的职业道德

这是谈判人员必须具备的首要条件，也是谈判成功的必要条件。采购谈判人员是作为特定组织的代表出现在谈判桌上的，代表组织个体的经济利益，而且在某种意义上还肩负着维护国家利益的义务和责任。因此，作为谈判人员必须遵纪守法、廉洁奉公，忠于国家、组织和职守，要有强烈的事业心、进取心和责任感。

（2）健全的心理素质

谈判是各方之间精力和智力的较量，较量的环境在不断变化，对方的行为也在不断变化，要在较量中达到特定目标，谈判人员就必须具有健全的心理素质。健全的心理素质是谈判者主体素养的重要内容之一，表现为谈判者主体应具备坚忍顽强的意志力、高度的自制力和良好的协调能力等。

（3）合理的学识结构

采购谈判人员，既要知识面宽，又要在某些领域有较深的造诣。也就是说，不仅在横向方面有广博的知识，而且在纵向方面也要有较深的专门学问，两者构成一个“T”字形的知识结构。从横向方面来说，采购谈判人员应当具备的知识包括：我国有关经济贸易的方针政策及我国政府颁布的有关法律和法规；某种商品在国际、国内的生产状况和市场供求关系；价格水平及其变化趋势的信息；产品的技术要求和质量标准；有关国际贸易和国际惯例知识；国外有关法律知识，包括贸易法、技术转让法、外汇管理法及有关国家税法方面的知识；各国各民族的风土人情和风俗习惯；可能涉及的各种业务知识、金融知识；市场营销知识等。从纵向方面来说，作为采购谈判的参与者，应当掌握的知识包括：丰富的专业知识，即熟悉产品的生产过程、性能及技术特点；熟知某种（类）商品的市场潜力或发展前景；丰富的谈判经验及处理突发事件的能力；掌握一门外语，最好能直接用外语与对方进行谈判；懂得谈判的心理学和行为科学；了解谈判对手的性格特点等。

（4）谈判人员的能力素养

谈判者的能力是指谈判人员驾驭商务谈判这个复杂多变的“竞技场”的能力，是谈判者在谈判桌上充分发挥作用所应具备的主观条件。它主要包括：认知能力，运筹、计划能力，语言表达能力，应变能力，交际能力等。

3. 谈判人员的配备

（1）技术精湛的专业人员

熟悉生产技术、产品性能和技术发展动态的技术员、工程师，在谈判中负责有关产品技术方面的问题，也可以与商务人员配合，为价格决策作技术参谋。其基本职责是：

1）同对方进行专业细节方面的磋商；

2）修改草拟谈判文书的有关条款；

3）向首席代表提出解决专业问题的建议；

4）为最后决策提供专业方面的论证。

（2）业务熟练的业务人员

主要由熟悉贸易惯例和价格谈判条件、了解交易行情的有经验的业务人员或公司主管领导担任。其具体职责是：

1）阐明已方参加谈判的愿望和条件；

2）弄清对方的意图和条件；

3）找出双方的分歧或差距；

4）掌握该项谈判总的财务情况；

5）了解谈判对手在项目利益方面的期望指标；

6）分析、计算修改中的谈判方案所带来的收益变动；

7）为首席代表提供财务方面的意见和建议；

8）在正式签约前提供合同或协议的财务分析表。

（3）精通经济法的法律人员

法律人员是一项重要谈判项目的必需成员，如果谈判小组中有一位精通法律的专家，将会非常有利于谈判所涉及的法律问题的顺利解决。法律人员一般是由律师，或由即掌握经济又精通法律专业知识的人员担任，通常由特聘律师或企业法律顾问担任。其主要职责是：

1）确认谈判对方经济组织的法人地位；

2）监督谈判在法律许可范围内进行；

3）检查法律文件的准确性和完整性。

（4）业务熟练的翻译人员

翻译人员一般由熟悉外语和企业相关情况、纪律性强的人员担任。翻译是谈判双方进行沟通的桥梁。翻译的职责在于准确地传递谈判双方的意见、立场和态度。一个出色的翻译人员，不仅能起到语言沟通的作用，而且必须洞察对方的心理和发言的实质，既能改变谈判气氛，又能挽救谈判失误，增进谈判双方的了解、合作和友谊。因此，对翻译人员有很高的素质要求。

（5）首席代表

首席代表是指那些对谈判负领导责任的高层次谈判人员。他在谈判中的主要任务是领导谈判组织的工作。这就决定了他们除具备一般谈判人员必须具备的素养外，还应阅历丰富、目光远大，具有审时度势、随机应变、当机立断的能力，有善于控制与协调谈判小组成员的能力。因此，无论从什么角度来认识他们，都应该是富有经验的谈判高手。其主要职责是：

1）监督谈判程序；

2）掌握谈判进程；

3）听取专业人员的建议和说明；

4）协调谈判小组成员的意见；

5）决定谈判过程中的重要事项；

6）代表单位签约；

7）汇报谈判工作。

（6）记录人员

记录人员在谈判中也是必不可少的。一份完整的谈判记录既是一份重要的资料，也是进一步谈判的依据。为了出色地完成谈判的记录工作，要求记录人员要有熟练的文字记录能力，并具有一定的专业基础知识。其具体职责是准确、完整、及时地记录谈判内容。

五、谈判方案的设计

谈判方案通常均应包括四项基本内容：谈判目标、谈判程序、谈判时间、谈判策略。

1. 谈判目标

谈判目标是指谈判要达到的具体目标，它指明谈判的方向和要达到的目标、企业对本次谈判的期望水平。采购谈判的目标主要是以满意的条件采购到所需要的商品，确定正确的谈判目标是保证谈判成功的基础。在准备谈判方案时，谈判目标有三种表述形式：

（1）上、中、下成交方案。

（2）成交上限和下限。

（3）与对方条件对应的随动成交方案（随动方案也存在上限和下限）。对于政策性的机动条件，在做谈判方案时可不予考虑，因为这是特殊条件，仅在谈判遇到特殊困难时再依情况而定、而用，而且政策性的条件是由企业的上层领导来决定的。

当然，要具体确定某个项目的谈判目标是一件复杂的事情，主要依据对许多因素的综合分析才能作出判断。首先，要对谈判双方各自优势、劣势进行分析。例如，如果对方是我方唯一选择的合作伙伴，则对方处于十分有利的地位，我方的目标水平就不要定得太高；反之，如果我方由许多潜在的买主（或卖主），那么对方显然处在较弱的地位，我方的目标水平就可相应定得高一点。其次，要考虑今后是否会与谈判对手保持长期的业务合作关系。如果这种可能性较大，就要着眼于和对方建立友好、持久的关系，对于谈判目标的确定应本着实事求是的态度，确定合理的水平。此外，交易本身的性质和重要程度、谈判与交易的时间限制等因素，在确定具体谈判目标时也是必须考虑的。

2. 谈判程序

方案准备中的谈判程序是指对谈判起始点、展开过程及结束点的设计或预测。这个设计与预测是一种对谈判的总体运动过程的分析，也是一种谈判前的演练—“沙盘作战”或“谈判模拟”。不论谈判项目大小，这个准备内容不可或缺。

（1）起始点

起始点设计系指对谈判开场的设计。根据不同谈判对开场的要求，设定不同的开场形式。如先互赠礼品，先回顾历史（由历史关系或约定时），还是先讨论谈判日程、方式、人员安排等，以使开场起步达到气氛、布局的要求。

（2）展开过程

展开过程的设计系指对谈判各项议题的先后次序及双方互动条件的设定。如技术、服务、价格、供货、合同条款等，谁先谈、谁后谈，各议题谈的条件、退的条件，或各议题交错谈判的条件等，均结合谈判对象的特点、交易物、交易方式以及谈判议题的内在逻辑关系予以初步设定。

（3）结束点

结束点的设计系指对结束条件及结束方式的设定。这也是谈判收尾的预测。结束条件原则上以谈判目标为参照。在双方分歧很大时，结束条件将为各方自持的条件——未达成协议的各自坚持的条件。而结束方式有多种，它决定由谁出面结束（主持人、负责人、领导）、在什么时候、什么地点（会议室、住所、饭桌上）来宣布不同谈判结果的结束。

3. 谈判时间

谈判时间系指对有效完成谈判过程的时间段的设定。由于时间具有一种力量，会从时空与心理的关系上对谈判产生影响，故忽略谈判时间是不妥的，谁忽略它，谁就少了一种谈判的武器或一种防御的功能。

4. 谈判策略

谈判策略确定的第一步是确定双方在谈判当中的目标是什么，包括最高、中间、最低的目标体系；在交易的各项条款中，哪些条款是对方重视的，哪些是他们最想得到的，哪些是对方可能作出让步的，让步的幅度有多大，等等。第二步是确定在我方争取最重要条款时，将会遇到对方哪些方面的阻碍，对方会提出什么样的交换条件等。第三步是针对以上情况，确定应采取怎样的策略。

六、采购谈判的基本流程

谈判各方在做了各种准备工作之后，就要开始面对面地进行实质性的谈判工作。谈判过程可能是多轮次的，要经过几轮谈判；谈判过程也可能要经过多次的反复，才能达成一致。不论谈判过程时间长短，谈判双方都要各自提出自己的交易条件和意愿，然后就各自希望实现的目标和相互间的分歧进行磋商，最后消除分歧达成一致。这个过程依次为谈判开局阶段、谈判报价阶段、谈判磋商阶段和结束阶段。掌握谈判的每个阶段，完成每一环节的任务，顺利实现双赢的结果是谈判过程的重要任务。

1. 开局阶段

谈判开局阶段主要指谈判双方进入具体交易内容的洽谈之前，彼此见面，互相介绍、寒暄以及就谈判内容和谈判事项进行初步接触的过程。好的开端是谈判成功的一半。在采购谈判中，谈判开局是双方真正走到一起，进行直接的接触和沟通，开局的成功与否对谈判能否顺利进行有重大影响。这一阶段的目标就是为进入实质性谈判创造良好条件。为实现这一目标，开局阶段主要有 4 项任务。

（1）明确谈判的具体事项

谈判的具体事项主要包括目标、计划、进度及成员 4 个方面的内容。谈判各方初次见面，首先要互相介绍谈判人员的基本资料，包括姓名、职务和谈判角色等，然后谈判各方要明确此次谈判双方共同追求的合作目标，进而根据各自的具体情况，磋商并确定谈判的大体议程和进度，明确需要共同遵守的纪律和共同履行的义务等问题。明确这些具体问题，是为了使谈判各方统一认识，明确规则，安排议程，掌握进度，增进了解。

(2) 创造良好的谈判气氛

谈判开局气氛对整个谈判过程起着相当重要的影响和制约作用。良好的谈判氛围能使谈判各方心情愉悦，增进相互间的信任感和合作诚意。紧张的气氛，则容易导致双方的戒备和猜忌。谈判气氛是谈判对手之间的相互态度，它能够直接影响到谈判人员的情绪和行为方式，进而影响到整个谈判的各个环节。虽然谈判气氛在谈判不同阶段会呈现不同的状态，但通常在开局阶段形成的谈判气氛最为重要，往往贯穿始终，所以在开局应尽可能营造有利于谈判的环境气氛。

(3) 开局摸底

开局摸底，就是指通过初步接触，探测对方的目标、意图以及可能的让步程度。通过摸底，可以大致了解对方的目标期望值，并进一步发现双方共同获利的可能性。

在开局摸底阶段，双方各自陈述己方的观点和愿望，并提出己方认为谈判应涉及的问题及问题的性质、地位，以及己方希望取得的利益和谈判的立场，陈述的目的是要使双方了解彼此的意愿。通过摸底，谈判者应完成下述几项工作：

1) 考察对方的品质。

2) 了解对方的诚意和真实需要。

3) 设法了解对方的谈判经验、作风，对方的优势和劣势，了解对方每一位谈判人员的态度、期望，甚至要弄清对方认为有把握的和所担心的是什么，是否可以加以利用等。

4) 要设法了解对方在谈判中坚持的原则，以及在哪些方面可以作出让步。双方经过简要的介绍和陈述后，谈判者应注意从对方的言谈举止中去获取对己方有力的信息。要观察对方中有诚意合作和正直坦诚的人，与他们沟通，可能事半功倍；同时，还要注意领会对方谈话所包含的信息，这些信息可能反映了对方的真实意图。通过摸底，可以大致了解对方的目标期望值，并进一步发现双方共同获利的可能性。

(4) 修正谈判计划

通过与对方初步接触、洽谈，如果已经获得了许多有关对方有价值的信息，就应对此作出进一步的和谨慎的分析；如果已经大致了解对方的期望、立场，初步分析了谈判人员的背景、工作作风，双方就应就一些基本问题达成一致意见。此时，若发现了双方在一些问题看法上的明显差距，就需要通过进一步谈判予以调整。若双方对合作充满诚意，那么我方就应该自问，自己在谈判目标和策略设计方面是否有需要调整的地方？因为任何一项成功的谈判都是双方努力合作的结果，所以我方采取的任何措施也要有助于谈判目标的实现。因此，重新审视与检验一下自己原先在哪些方面估计不足、判断失误并予以修正是理所当然的，这不仅是为了争取谈判中的主动，维护自身利益，也是为了推动整个谈判的合作进程。

至于谈判的规程、计划、进度，双方既已达成一致，则应遵照不误。一个双方认同的谈判目标和计划，会对以后的谈判起到积极的作用。在这个谈判初始阶段，我方已经掌握了一些信息，但不要过早地对对方的意图形成固定的看法，对于这些信息，我方还要随着谈判向实质性阶段的过渡而做出更深入的分析。

2. 报价阶段

谈判双方在结束了非实质性交谈以后，就要将话题转向有关交易内容的正题，即开始报价。报价阶段一般是采购谈判由横向铺开转向纵向深入的转折点。报价以及随之而来的磋商是整个谈判过程的核心和最重要的环节，决定了这笔生意是否成交，或者一旦成交，盈利能有多少。

这里所说的报价，不仅是指产品在价格方面的要价，而是泛指谈判的一方对另一方提出的所有条件，包括商品的数量、质量、包装、价格、装运、保险、支付、商检、索赔和仲裁等交易条件，其中价格条件具有重要的地位，因为其余的交易条件最终都会体现在价格的变化上。一般情况下，谈判都是围绕价格进行的。

（1）报价的原则

1）合理确定开盘价。实际谈判过程中的最初报价称为开盘价。对于采购方而言，一般是以不能突破的最低底盘价报出的期望值。国内外专家认为：买方在开盘时报出的期望价，理所当然是“最低价”，这是因为：

① 开盘价给己方今后的报价设置了限制。通常情况下，买方报出了开盘价后就没有机会再报出更低的价格了。

② 开盘买价报得越低，下一步价格磋商的余地就越大，在面对可能出现的意外情况或对方提出各种要求时，就可以作出更为积极有效的反应。

2）报价应严肃、果断、清晰。报价严肃，可使对方相信报价方的准确性和坚定性；报价时果断、毫不犹豫，这样才能给对方留下我方是认真而诚实的印象；报价要非常清晰，切忌含含糊糊，以免使对方产生误解或异议，所以，一些重大的谈判中，有必要采取书面报价的形式。

3）避免主动解释。报价方对所报价格不做主动解释和评论。在对方提出问题前，如果报价方主动解释或说明报价，不仅会暴露报价方的意图、实力等秘密，在对方看来，报价方会显得信心不足。如果对方对你的报价有不清楚的地方，或不满意的地方，他们会主动质疑的。

（2）选择报价时机

报价的先后对实现各方既定的谈判利益具有举足轻重的意义。应该说先报价有利有弊。有利的一点是，首先提出自己上界值的一方将对对方心理产生影响，它实际上等于为谈判判定了基准线，在谈判中可支配影响对方的期望值；另一方若不想在谈判刚开始时就使谈判破裂，就很难提出对对方报价变动太大的要求，这实际上是先报价者为谈判划了一个大圈子，最终的合同在这个圈子内展开，而且第一个报盘在整个谈判和磋商中都会持续起作用。另外，如果己方报盘不在对方的预料之内，也往往会打乱对方的计划，动摇对方的军心，减弱对方的自信，所以，先报价比后报价影响要大得多。但是先报价也有很大的风险，这就是，很可能我方提出的要求不够高，这样我方可能丢掉很大一块蛋糕，也可能我方开始时的要求过高，使对方认为没有足够的谢意，并可能导致对方对我方的信誉产生怀疑。如果后报价，显然就不存在先报价的风险，可以后发制人，但也失去了先报价的优势。

（3）回应对方的报价

在对方报价时，要想在后面的报价中更为有利，就应该正确对待对方的报价。

在对方报价的过程中，切忌干扰对方的报价，而应认真听取，完整、准确、清楚地把握对方报价的内容。在对方报价结束后，我方应将对对方报价的理解进行归纳总结，并加以复述，以确认自己的理解准确无误，对不清楚的地方可以要求对方予以解答。同时，我方还可以要求对方对所报价格的构成、报价依据、计算的基础以及方式方法等作出详细的价格解释，以此来了解对方报价的实质、意图和诚意，从中寻找破绽，为我所用。在对方完成价格解释后，要求对方降价，在实在得不到答复的情况下提出自己的报价。

【资料卡】

欧式报价术和日式报价术

在国际商务谈判中，有两种比较典型的报价战术：欧式报价术和日式报价术。

欧式报价术的一般模式是：首先提出留有较大余地的价格，然后根据买卖双方的实力对比和该笔交易的外部竞争情况，通过给予各种优惠，如数量折扣、价格折扣等来逐步软化和接近买方的市场和条件，最终达成交易的目的。实践证明，这种报价方式只要能稳住买方，往往会有一个不错的结果。

日式报价术的一般做法是：将最低价格列在价格表上，以求首先引起买方的兴趣。由于这种低价格一般是以对卖方最有利的结算条件为前提条件的，并且在这个低价格的交易条件下，各个方面都很难全部满足买方的需求，如果买方要求改变有关条件，则卖方便会相应地抬高价格。因此，买卖双方最后的成交价格，往往高于价格表中的最低价格。

3. 磋商阶段

在采购谈判中，当一方报价后，很少出现另一方马上接受的情况。通常，买卖双方要经过一番讨价还价，最后才能达成协议。这个讨价还价的过程就是采购谈判的磋商过程。它是谈判的关键阶段，也是最困难、最紧张的阶段，并且，在这个阶段，谈判的策略和技巧也是最丰富多彩的。在这一阶段，谈判人员要掌握其规律和特点，为己方争取更多的利益。

（1）磋商阶段应遵循的原则

1）把握气氛。进入磋商阶段以后，谈判双方要针对对方的报价进行讨价还价。双方之间难免要出现提问、解释、质疑和表白、指责和反击、请求和拒绝、建议和反对、进攻和防守，甚至会发生激烈的辩论和无声的冷场。因此，在磋商阶段仍然要把握好谈判气氛，开局阶段已经营造出友好合作的气氛，进入磋商阶段后仍然要保持好这种气氛。只有在这种良好的合作气氛中，才能使磋商顺利进行。这就需要谈判者既要自我约束，杜绝粗暴的、任性的、骄横的做法，又要尊重对方、礼貌待人。

2）把握次序逻辑。把握次序逻辑是指按磋商议题内涵的客观次序逻辑，来确定谈判的先后次序和谈判进展的层次。在磋商阶段，双方都面临着很多需要沟通的议题，如果不分先后次序，不讲究磋商进展的层次，想起什么就争论什么，就会毫无头绪，造成混乱，毫无效率可言。因此，必须按照一定的规律来确定谈判议题的先后次序，如议题的合理排序、论述的层次顺序。

(2) 磋商中的讨价

1) 讨价的方式。讨价的方式基本上分为两种：笼统讨价和具体讨价。两种方式各有所用，应视具体条件而用。

① 笼统讨价。即从总体条件上或从构成技术或商业条件的所有方面提出重新报价的要求。该种讨价方法常常用于对方报价后的第一次要价，也可以在最后结束时的要价，或在交易复杂又缺乏可比而详尽资料的情况下使用该方法从宏观的角度去压价，笼统地提出要求，而不泄露已掌握的准确材料。

② 具体讨价。即就分项报价内容，逐一要求重报改善价格条件的做法。选择该种方法的条件为：可比资料充足，对手要求具体讨价，第一次笼统讨价后，报价条件存在问题较多。具体讨价的要求在于准确性和针对性，在做法上是将具体的内容分成几块。分法可以按内容分，如运输费、保险费、技术费、设备条件、资料、技术服务、培训、支付条件等；也可按评论结果分，以各项内容的水分大小归类，水分大的放在一类，小的放在另一类。分类、分块的目的在于要求体现“具体性”，分类是高准确性的务实做法。只有分成块才好提出以不同程度、不同理由的讨价。在具体讨价时，一般从水分最大的那一交易条件开始讨价。

2) 讨价的次数。一般每一次讨价，如果能得到一次改善的报价，则对买方有利。不过，所有的卖方都会坚守自己的价格立场。那么买方讨几次价为妥呢？这应根据价格分析的情况与卖方价格解释和价格改善的状况而定。只要卖方没有大幅度的明显让步，就说明他留有很大的余地；而且只要买方有诚意，卖方就会再次改善价格。只有不被卖方迷惑，买方才有可能争取到比较好的价格。卖方为了自己的利润，一般在做了两次价格改善后就不会再报价了，他们通常以委婉的方式表达不可以再让了。如“这是我最后的立场”“你们若是钱少，可以少买些”等。此时，买方要注意卖方的动向，不应为之迷惑而有所动，只要卖方没有实质性改善，买方就应根据报价的情况、虚头的大小、来人的权限、卖方成交的决心、双方关系的好坏等，尽力争取。

(3) 磋商中的还价

1) 做好准备。谈判不是一个简单的压低价格的过程。它必须建立在企业的利益分析、市场调查和货比三家的基础上，在此基础上确定自己的还价。同时，准备工作还应包括：规范条件，如双方差距是以数字表示，则应确定是以万元（内贸）、万美元（外贸）还是以百分数（%）表示，彼此统一，便于还价时说条件；理清分歧，清理分歧数与分量，这个工作也可以双方一起做，彼此核对，确认分歧情况，也算是前一阶段谈判的小结。也可以单方面清理，不过此时应小心，即别把达成协议的问题当分歧，也别把分歧当成协议。

2) 步步为营。讨价还价时应根据成交条件顽强谈判，出手不松。出手时间可依对方松紧而调整，即对方先出手，我方后出手，对方坚持，亦随之。也可依已方目标实现情况及我方所掌握的情况而自定时间，如在对方出两手后再出一手，或已方出两手而要求对方必出一手，此间应谨记最低追求目标，又突出紧逼对手的强健谈判作风。

3) 统筹兼顾。由于价格既涉及技术问题，又涉及策略问题，包含的内容非常广泛。因此，在讨价还价中，不能仅把目光集中在价格上，应当通盘考虑，把价格与技术、商务等各个方面结合起来，统筹兼顾，这样才能使谈判更加富有意义，同时也可以缓和还价中存在的难度和矛盾。

4）注意保密。讨价还价阶段的保密主要包括以下几个环节，一是谈判的底线，底线不能泄露给对手。虽然在集体谈判中，可以集体参与制作方案，但底线的确定权却在高层与主谈人、负责人手中；二是记载方式，记载己方和对方的条件，要求均不用笔与纸而是用脑记。因为记的行为会产生兴趣或关注的信息，进而产生有意义、有价值的认识。这不利于使对手做让步努力。对于十分复杂非记不可的问题，如调价的公式等，那么手中的笔记本不能离手，或者本上仅记对方开出的条件，己方条件均在脑中；三是面部表情，谈判人不能将内心的情绪反应在脸上，情不自禁、缺乏控制力的人易泄密，应予以注意。

（4）磋商中的让步

在商务谈判磋商阶段，对己方条件做一定的让步是双方必然的行为。如果谈判双方都坚持自己的阵线不后退半步，谈判永远也达不成协议，谈判追求的目标也就无法实现。谈判者都要明确的要求最终目标，同时还必须明确为达到目标可以或愿意作出哪些让步，做多大的让步。让步，体现了谈判者用主动满足对方需要的方式来换取己方需要的精神实质，是磋商交易阶段重要的事情。以什么方式、什么时间让步并不容易把握。因为让步直接牵涉到利益的问题，所以，在让步时应做到通盘考虑。

4. 交易达成阶段

随着磋商的不断深入，谈判双方在越来越多的事项上达成共识，彼此在立场与利益等方面的差异逐步缩小，交易条件的最终确立已经成为双方共同的要求，此时采购谈判将进入交易达成阶段。

（1）交易达成阶段应遵循的原则

1）力求尽快达成协议。谈判成交阶段是谈判者最容易出问题的阶段。俗话说，夜长梦多，已商讨过的内容和条件如果不尽快以协议的形式取得双方的共识，有可能会反复磋商。谈判的成果要靠严密的协议来确认和保证，协议是以法律形式对谈判成果的记录和确认。所以，在交易达成阶段的首要目的就是尽快将已取得的谈判成果达成协议，取得双方的确认，加强双方责任感。

2）尽量保证已取得的利益不丧失。经过长时间紧张的谈判，谈判者认为谈判已大功告成，紧张的情绪松弛下来，此时的精力已不充沛，注意力很容易分散，判断很容易出现差错和漏洞，给谈判留下隐患。谈判对手也有可能对自己磋商阶段的让步反悔，所以在最后阶段，要尽量保证已取得的利益不丧失。

3）争取最后的利益收获。通常，在双方将交易的内容、条件大致确定，即将签约的时候，精明的谈判人员往往还要利用最后的机会，争取最后的一点收获。在成交阶段取得最后利益的常规做法是：在签约前，突然提出一个小小的请求，要求对方再让出一点点。由于谈判已进展到签约的阶段，谈判人员已付出很大的代价，也不愿为这一点点小利而伤了友谊，更不愿为这点小利重新回到磋商阶段，因此，往往会很快答应这个请求，尽快签约。

（2）交易达成阶段的任务

1）起草备忘录。在谈判快结束时，双方已对多方面的内容和条款进行了协商，达成了共识。此时，有必要就整个谈判过程、谈判内容作一次回顾，以便最后确认双方在哪些方面达成了一致。对于那些没有达成共识的问题是否有必要作最后的磋商与妥协。即使最小的谈判也不可能只面对单一的问题，特别是大型谈判遇到的是大量需要解决的问题，而且内容面广，又那么具体，如果不进行回顾和总结，在起草合同时，双方或一方往往会不断推翻以前的结论，不断提出新的意见。所以，在最后阶段，应对所谈论的各项内容做一个双方意见的总结，并将意见以备忘录的形式记录下来，给参与谈判的各方过目。如果各方对备忘录的内容没有异议，则可起草谈判合同或协议了。如果谈判最终没有对具体的细节达成协议，也可以将双方某些已达成一致意见的原则性的问题用备忘录的形式记录下来，以作为下一次谈判参考的资料。

2）草拟谈判合同或协议。在各类采购谈判中，都需要签订书面合同，书面合同由哪一方草拟并无统一规定，但在我国涉外采购谈判中，习惯上都争取由我方负责草拟。参加谈判的业务人员必须具备草拟合同的知识和技能。在实际货物买卖谈判中，书面合同往往采用我方或对方印好的现成格式加以填写。

3）审核合同并签字。正式合同文本书写完毕后，谈判双方就应进行正式签字，但签字前应该进行审核，其主要内容包括：

① 合法性审核。

② 有效性审核。它包含两层含义，一是双方谈判者有无签署合同的全权，二是合同内容有无互相矛盾或前后否定之处。

③ 一致性审核。即审核合同文本与谈判内容的一致性。

④ 文字性审核。即审核合同文字是否严谨、准确地表达了谈判内容。

⑤ 完整性审核。即审核合同条款是否有任何遗漏或省略，不能以心领神会、交情友谊来代替合同条款。审核合同时，为保证合同审核的有效性，应有二三人进行，以便互相检验，并且反复审核若干次，确保万无一失。签署前的审核应当双方同时进行。

签字时应注意签字人的权限。通常合同签署者必须是企业法定代表人或被授权的企业全权代表，授权证书应由企业法定代表人签发。若主谈者具有此两种身份中之任何一种，可直接签署合同。反之，则应由企业法定代表人签署，或取得充分授权后签署合同。合同附件多为业务性的实施细则或技术细则，一般由企业业务部门负责人或技术部门负责人签署，不宜由企业负责人包揽。

任务实施

本任务的重点是为SS贸易有限公司的采购谈判组建谈判队伍，谈判队伍的素质及其内部协作与分工的协调对于谈判的成功是非常重要的。

首先，遇到的问题是应该选择多少人组成谈判队伍最为合适。根据理想谈判人数应在4～6人左右的原则，又因为本次谈判的项目较小、内容较简单，而且对方初步拟定参加此次谈判为5人，所以我方拟定谈判队伍为5人。

其次，谈判人员应具备的素质的确定。根据我方采购谈判的需要，拟定谈判人员素质要求：

（1）良好的职业道德；

（2）健全的心理素质；

（3）合理的学识结构；

（4）谈判人员的认知、运筹、计划能力、语言表达能力、应变能力、交际能力。

最后，根据谈判队伍的人数及谈判人员应具备的素质，确定以下谈判人员配备：

（1）技术精湛的专业人员：郑×（FBI-RR3 车型设计师）

（2）业务熟练的人员：老刘（资深采购主管）

（3）精通经济法的法律人员：黄××（OYM 公司法律顾问）

（4）首席代表：刘××（采购部经理）

（5）记录人员：张××（采购培训生）

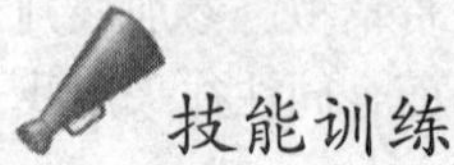

技能训练

模拟谈判

背景资料

×××学院拟为各教学单位教师改善办公条件，初步计划为每位坐班教师配备一台计算机，为每个办公室配备一台公用计算机，为坐班教师办公室配备打印机、传真机、复印机各一台，为其他办公室各配备打印机一台，其余办公设备，按需购买。

经过供应商开发与考评环节，为各教学单位选定了得分最高的供应商，采购谈判迫在眉睫。

一、训练目标

熟悉谈判流程，熟练运用谈判技巧。

二、训练步骤

1. 以 3～4 人为一组，选出组长一名。

2. 每个小组分成两支谈判队伍，分别代表本组调查的教学单位和下一组考评得分最高的供应商。

3. 每组按抽签顺序进行交叉谈判。

4. 提供谈判模拟教室一间，进行模拟谈判。

三、注意事项

1. 各方谈判人数为 3～4 人。

2. 谈判队伍以外的组员可做好谈判的后勤保障工作（如拍照等）。

四、评分标准

1. 自我介绍（10 分）

2. 语言和礼仪（30 分）

3. 谈判策略与技巧（50 分）

4. 整体评价（10 分）

任务3 签订采购合同

学习目标

1. 掌握采购合同的内容与格式；

2. 具有拟订采购合同的能力。

任务引入

经过两轮谈判，最后结果是：SS贸易有限公司成为FBI-RR3专用自行车车轮子的“优先型供应商”，现在需要在谈判记录的基础上，和谈判对方联系并拟订采购合同。

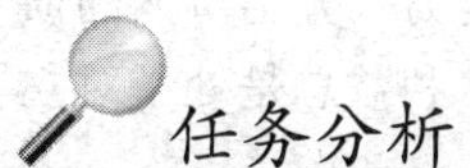

任务分析

在采购的过程中，采购合同作为一个重要的采购文件，规定了采购方与供应商的权利与义务，对于采购工作的顺利执行起到着重要的保障作用，因此采购合同管理也就成为采购管理中的一项不可或缺的内容。

相关知识

一、采购合同概述

1. 采购合同的概念与特征

合同又称契约。《中华人民共和国合同法》指出：合同是指平等主体的自然人、法人、其他组织之间设立、变更、终止民事权利义务关系的协议。

采购合同是一种经济合同，是法人之间为实现一定的经济目的，明确相互的权利义务关系而签订的书面契约。它具有以下法律特征：

（1）合同是平等当事人之间意思表示一致的民事法律行为

首先，合同是双方或多方当事人的合意行为，需要有两个或两个以上当事人一致的意思表示，才能成立。只有一方当事人的意思表示，或者各方当事人虽都有意思表示，但相互间意思表示的内容不一致，合同都不能成立。合同当事人缔结合同的意思表示，应当是自己的自由意思，不得予以强制或者欺诈、胁迫。任何违背当事人真实意思表示的行为，都不能成立合同。

其次，合同当事人在合同中法律地位平等。无论当事人具有哪国国籍，无论是法人还是公民，无论其所有制形式和经济实力如何，也无论其行政级别的高低，在合同中法律地位一律平等，即当事人之间应以平等民事主体地位协商订立合同，任何一方不得把自己的意志强加于其他方。

再次，合同是一种法律行为，其维系着当事人的法律关系。合同制度是一项重要的民事法律制度，合同的法律行为使签订合同的双方当事人产生一定的权利义务关系，受到国家强制力的保护。合同依法成立，即具有法律约束力。任何一方不履行或不完全履行，都要承担经济的或者法律的责任。

(2) 合同以设立、变更、终止权利义务关系为目的

首先，合同的目的在于设立、变更、终止民事权利义务关系。即当事人依法成立合同后，便在他们之间产生了民事权利义务关系。

其次，合同的目的性具有因果关系。合同既以设立、变更、终止民事权利义务关系为目的，其必然会发生相应的民事法律后果。因此，不发生任何法律后果，不涉及当事人之间权利义务的协议不是合同。

(3) 合同的债权债务必须相互对应

首先，合同必须有相应的债权和债务，这是合同的内容的特征，并且债权债务相互对应，不可能出现只有债权而没有债务的合同，也不可能出现只有债务没有债权的合同。

其次，债权和债务在当事人之间是对应的，一方享有的债权，必然是另一方当事人的债务；一方负有的债务，必然是另一方当事人享有的债权。在当事人之间，利益总是处于对立的状态，债权和债务相互对立。

(4) 合同是合法的法律行为

这就要求当事人订立、履行合同时遵守法律、行政法规，尊重社会公德，不得扰乱经济秩序，损害社会公共利益。只有在合同当事人所作的意思表示合法的情况下、合同才具有法律约束力。当事人如果做出违法的意思表示，即使达成协议，也不具有法律约束力。

2. 采购合同的功能

(1) 证明功能

合同的订立首先确定合同双方未来关系的基础。如果合同双方在其后履行的过程中出现了对协议解释的问题，合同记载的履行双方合约的细节和详细条款对解决争议是十分重要的，它是解决纠纷的法律依据、发挥着重要的证明功能。此外，对于长期合同关系而言，由于合同记录了双方在签订协议时所达成的共识，双方需要经常能够根据合同文件的规定来履行各自的义务并享受相应的权利，因此合同又发挥着长期证明的功能。

(2) 约束功能

合同依法订立，即在当事人之间发生法律约束功能，或称是合同对当事人的法律强制功能。首先，这种约束功能是依照法律发生的，国家法律规定，依法订立的合同具有法律约束力，当事人必须履行。其次，约束功能要求合同当事人严格履行合同，这种要求是以国家的强制力作为保障的。当事人不按照合同的约定全面履行，法律将确认这种行为违反法律，并对行为人予以法律制裁，责令其承担民事责任。再次，约束功能还表现在应当按照合同的约定履行自己的义务，非依法律规定或者取得对方同意，不得擅自变更或者解除合同。

(3) 激励功能

合同中激励功能的源泉是甲方支付给乙方的利润或收益。在签订合同时，合同安排的目标是履行合同的乙方在比较满意地履行合同后能够获得较理想的利润或收益，从而保证并能激发乙方在合同的执行过程中认真负责、保质保量地完成任务的积极性，最终实现合同标的

物的交付。

二、采购合同的分类

采购合同有许多种分类标准，一般可分以下几类：

1. 按采购内容分类

按采购内容分类可分为：货物采购合同、工程项目采购合同和服务采购合同。按照联合国国际贸易法委员会 1994 年通过的《贸易法委员会货物、工程和服务采购示范法》第 2 条的定义："货物"可指各种各样的物品，包括原料、产品、设备和固态、液态或气态物体和电力，以及货物供应的附带服务，条件是那些附带服务的价值不超过货物本身的价值。"工程"可指与楼房、结构或建筑物的建造、改建、拆除、修缮或翻新有关的一切工作，如工地平整、挖掘、架设、建造、设备或材料安装、装饰和最佳修理，以及根据采购合同随工程附带的服务，例如钻挖、绘图和其他类似服务，条件是这些服务的价值不超过工程本身的价值。"服务"可指除货物或工程以外的任何采购对象。

2. 按采购职能的范围和目标分类

按采购职能的范围和目标分类可分为：商业采购合同、政府采购合同和制造业采购合同。商业采购是指商业领域为转售而进行采购和储存货物，是以营利为目的的，如批发商、零售商的进货采购等。商业采购中最大的部分是零售贸易采购，它指将大宗货物从农场或工厂采购过来然后销售给最终消费者。采购是所有商品零售业组织中极其重要的职能。政府采购是指中央和地方政府以及其他公共服务部门，为提供公共服务而采购，不以转售和营利为目的。制造业采购是指为了制造、加工货物或材料进行的采购和销售。采购也是制造业中的重要环节，制成品的大部分成本来自于所采购的原料。

3. 按合同支付方式分类

按合同支付方式分类的采购合同，一般可分为：固定价格合同类型、成本加酬金合同类型和固定工资合同类型。由于合同的支付是合同双方关注的焦点，下面着重介绍按合同支付方式进行的合同分类。

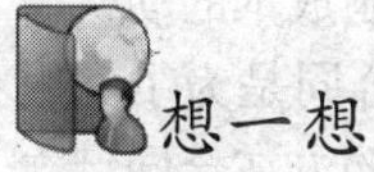
想一想

某机床厂与某供应商已经达成采购意向，在采购过程中，供应商需要分批送货以及派遣技术人员进行指导，执行此合同长达一年时间。

机床厂在制定合同价格的时候应考虑采用哪种类型合同？

（1）固定价格合同类型

固定价格合同类型具体又可以分为以下几种：

1）不变固定价格合同。不变固定价格合同又称不变价合同，即合同订立的价格在履行中不再发生变化。在不变固定价格合同中，供应方要担保成功地满足合同中的逐项要求，包括在合同期限允许的工作时间内完成供应工作，同时也必须担负圆满完成工作的财务责任。采购方和供应方都无权擅自对合同中规定的价格和进度进行变更。采购方有义务支付主合同中规定的固定价格，但对供应方完成合同工作的实际成本可以不予考虑。

大多不变价格合同是通过竞争性招标确立的，但是由于特定采购项目的性质，有些采购方也可以通过成本分析和谈判与供应方达成不变固定价格合同。

2）固定价格合同。出于价格变更通常是由经济因素引起的，因此固定价格合同有时又称为“带有经济价格调整条款的固定价格合同”。这种合同当出现合同规定的成本和价格因素变动时，就可以对合同价格做出调整。这些因素可以是指数，或者是整个行业领域内的价格水平的变化。这些所选择的因素多为当期合同管理所不能控制的外生变量。这种合同安排的结果是将通货膨胀造成的价格或成本变化风险从供应方转移给采购方。

3）固定价格再确定合同。固定价格再确定合同是推迟了最终的价格谈判，直到合同已履行到一定程度，履行成本已经明了，可以使双方预测和谈判完成合同所需的最终成本和价格。当通过谈判确定了价格后，就将更新确定的价格规定在合同中。这种定价安排的主要优点是可以将合同价格推迟做出决定。但其缺点也很明显——谈判管理过于复杂，并且缺乏更有效的措施激励供货方高效率地完成工作。

4）固定价格努力程度定期合同。固定价格努力程度定期合同通常限于有限范围内的研究工作。这种合同使供应方工作计划获得确定的预算支持，并且使履行行政监督活动减少到最少。一般采购方对研究者的技术专长和执著精神有高度信心时，可以采用这种类型的合同。

（2）成本加酬金合同类型

成本加酬金合同确立的基础是，采购方将补偿供应方在履行合同义务中负担的成本。这种支付形式要求供应方向采购方公开成本记录。例如政府采购，供货方须向政府审计员提供账册记录以便对供应方要求补偿的成本数量进行认证。成本加酬金类型合同可以分为以下几种：

1）成本加激励费用合同。此种合同是双方确定一个完成工作的“成本目标”。低于成本目标时的成本节约和高于成本目标时的成本超支都可以在合同履行完毕时由双方共同分担。虽然这种合同安排在合同订立前没有确定一个封顶价使得执行起来无法确定最大可能的成本预算，但是却在一定程度上能够激励供应商提高工作效率和有效性，从而控制成本的动机。

2）最高价格限制的目标成本激励合同。最高价格限制的目标成本激励合同是为了克服成本加激励费用合同的缺陷，而对目标成本安排引入一个最高限价，这样采购方在合同订立时就可以知道其最大可能的成本预算是多少。

3）成本加奖励付费合同。成本加奖励付费合同采用奖励付费的定价形式。即采购方需补偿供应方完成工作的成本，并且通常还对供应方完成工作支付一笔最低的固定费用。

一般情况下，只有政府采购机构才使用成本加奖励付费合同，有时工业采购人员也会使用这种合同定价安排来完成某些特定的合同工作。

4）成本加利润百分比合同。成本加利润百分比合同在日常的工作中简称为成本附加。这种合同的定价安排是以供应方在完成工作和提供服务时所负担的合理成本为基础，再加上按照成本的百分比计算的数额作为利润。

三、采购合同的内容

1. 采购合同的通用条款

采购合同的种类繁多，可以根据交易的性质和方式制定不同的条款。一般来说，一份合同由许多条款组成。按照性质的不同可将合同条款分为通用合同条款和专用合同条款两类。采购合同的通用合同条款是合同的最重要的部分，一般不可修改。采购合同的通用合同条款以及采购对象的合同各有侧重，主要包括以下内容：

（1）定义

定义是对合同中专用的基本名词进行解释，以明确其含义，并对合同中出现的英文缩写加以全称的注释。

（2）当事人的名称或者姓名和住所

确定合同的主体，首先应当在合同中确定当事人的姓名和住所。当事人的住所是表明当事人的主体身份的重要标志。

（3）标的物

标的物是采购合同双方当事人权利义务指向的对象。采购合同不规定标的物，就会失去目的，失去意义。标的条款必须写明标的物的名称，以使标的特定化。

（4）数量

标的物的数量是确定采购合同标的物的具体条件之一。标的物的数量要确切，应选双方共同接受的计量单位，要确定双方认可的计量方法。标的物的数量属于采购合同成立应当具备的必要条款。

（5）质量

标的物的质量是确定采购合同标的物的具体条件，标的物的质量一般包括两个方面的要求：一是标的物的品种和规格，通常指标的物的型号、批数、尺码和级别等；二是标的物的内在质量，通常指标的物达到的功效，并且不含隐蔽瑕疵、缺陷等。

（6）专利权

专利权是维护知识产权、保护采购方利益的重要条款。它要求供应方保证采购方在所在国使用其货物、服务及任何部分都不受第三方关于侵犯专利权、商标权或者工业设计权的指控。任何第三方如果提出侵权指控，供应方与第三方交涉，并承担可能发生的一切法律责任和费用。

（7）履约保证金

履约保证金是供应方为顺利执行合同项下的义务提供的一种资金担保，目的是避免或减轻由于供应方的违约而给采购方造成的经济损失。

一般规定：供应方应在合同授予通知后30天内，按合同条款规定的金额（一般为合同额的10%）向采购方提供履约保证金。通常情况下，对于简单商品或无质量保证期的货物，供应方在履行交货义务并验收后，采购方应在30天内退还保证金。对于有保证责任的货物保证期不足一年的，在交货验收后将履约保证金的金额减至5%，保证期满后将履约保证金全部退还给供应方；对于保证期超过一年的，第一年保证期满后履约保证金减至2%，保证期满后将履约保证金全部退还给供应方。

如果供应方在执行合同过程中有违约行为并给采购方造成经济损失，采购方有权没收其履约保证金，且无须得到供应方的同意。

（8）履行期限、地点和方式

履行期限是有关当事人实际履行合同的时间规定，它可以规定为即时履行，也可以规定为定时履行，还可以规定为一定期限内履行。

履行地点是指当事人依据合同规定履行其义务的场所。在许多合同中，履行地点是确定验收地点、运费由谁负担、风险由谁承担、标的物所有权是否转移、何时转移的依据，也是确定诉讼管辖的依据。对于涉外采购合同纠纷而言，履行地点是确定法律适用的一项依据。

履行方式是指当事人履行合同义务的方法。例如，在履行交付标的物的义务中是一次交付还是分批交付，是交付实物还是交付提取标的物的单证等，都关系着当事人的利益。

(9) 价款

价款是采购方取得标的物所应支付的代价，采购合同应当对价款或报酬的数额、币种及不同币种之间的汇率做出明确的规定。价款一般指标的物本身的价款，但因为商业上的大宗采购一般异地交货，便产生了保险费、装卸费、运输费和报关费用等一系列其他费用。这些费用由谁支付，须在采购合同的价款条款中写明。

(10) 支付

支付是指供应方向采购方交付标的物后，采购方向供应方支付标的物价款、运杂费和其他费用的方式。为便于支付，合同中应注明双方当事人的开户银行、账户名称、账号和结算单位。对于支付条款，其主要内容是确定付款的时期和付款的方式。

1) 确定付款时期。付款时期一般分三种：一是交货前付款，指签订合同后即付款。这种方式大多用于零星采购。机械设备采购及一般合同中的约定预付金也属此类。二是交货时付款。这种方式一般用于国内现货采购，在国际采购中的即期信用证付款也属此类。三是交货后付款。国内采购常用此法。国际采购中的远期信用证付款或分期付款也属此类。

2) 确定付款方式。在国际采购中大多采用非现金结算即使用代替现金作为流通和支付手段的信贷工具来进行支付。支付的方式可分为三大类：汇付、托收和以信用证方式付款。

(11) 包装

标的物的包装有两层含义：一是放置标的物的容器，一般称为包装材料；二是包装标的物的操作过程。在采购合同中明确约定包装的方式，包括包装材料、装潢、包装费用承担等内容。除国家规定由采购方提供的以外，包装物由供应方提供，运输包装上的标记由供应方印刷；包装费用由供应方负担，不得向采购商另外收取。如果采购方有特殊要求的，双方应在合同中约定：其包装费用超过原定标准的，超过部分由采购方负担；其包装费用低于原定标准的，相应降低产品价格。

(12) 运输

运输条款是采购方与供应方就货物的运输方式、交货时间、装运地和目的地，能否分批装运和转运等问题达成协议，并在合同中加以具体、明确的规定。

1) 运输方式的选择。规定选择海洋运输、铁路运输、航运运输、公路、内河、小邮包运输、集装箱运输还是国际联运方式进行货物运输。

2) 选定装运货物时间。可以规定具体的装运时间，也可以规定在收到信用证或信汇、电汇、票汇后某一时间装运。

3) 确定起运地和目的地。确定起运地和目的地时要具体明确注意装卸地的设施及条件以及地名有无重名等问题。

4）确定是否分批装运和转运。一般来说，允许分批装运和转运对供应方有利，国际惯例和各国合同法中对有关分批装运转运的做法和规定不一，因此在合同中应明确合同双方协商做出的选择。

(13) 检验标准和方法

采购合同应对检验标准、检验期限、检验依据以及对标的物质量和数量提出异议和答复的期限做出明确的规定。为确保供应方所交货物与合同相符，采购方有权在不增加额外费用的条件下对货物进行检验。若经检验货物与合同不符，采购方可拒收，供应方应负责免费更换和修理。

(14) 保险

在货物的保险到岸价的合同中，保险合同以供应方的费用订立；而在出厂价格合同中，则是由采购方以自身的费用投保或以自身的费用委托供应方投保。保险合同的受益人都是采购方，保险的货币应是合同货币或合同的采购方接受的其他可自由兑换货币，投保的险种至少为一切险。

(15) 合同的修改

合同的修改是指由于情况发生变化或有新的采购要求，合同的一方当事人提出对合同条件的改动，合同的修改必须由合同双方同意签字，并分送有关各方。

(16) 违约责任

违约责任，是指违反有效的合同义务而承担的责任。违约责任是促使当事人履行债务，使非违约方免受和少受损失的法律措施，直接关系着当事人的利益。合同对此应予以明确规定。选择和解、调解、仲裁或者诉讼来作为采购合同违约责任的处理方式。

(17) 不可抗力

不可抗力是指出于供应方无法预测或预见的、非供应方过失的意外情况造成的误期，采购方不应没收供应方的履约保证金，收取损失赔偿金或因其违约终止合同。意外情况发生后，供应方立即将意外情况的原因、证明材料书面通知采购方，并且供应方在合理范围内应继续履行合同。

(18) 合同使用的文字及其效力

合同使用的文字及其效力，是涉外采购合同及不同语言当事人之间的重要条款。在涉外采购合同中双方当事人应就合同所使用的文字及有关合同的全部通信及文件所使用的文字做出明确的约定。

(19) 合同的生效条件

合同生效通常是以满足以下一种或几种情况为条件：

1）主管部门对合同的批准；

2）采购方收到供应方提交的履约保证金；

3）采购方取得进口许可证或供应方取得出口许可证；

4）双方授权代表的签字。

2. 采购合同的专用条款

想一想

以下几种商品的采购合同所需要考虑的专有条款有什么不同?

(1) 玻璃器物;(2) ××大厦建筑工程;(3) ××软件工程系统。

采购合同的专用合同条款是依据每一个采购项目的特殊情况和特殊要求而做出的特殊规定,其中主要作用是使通用合同条款中的某些条款根据合同需要进一步具体化。专用合同条款要与通用合同条款相吻合,以货物采购项目为例,专用合同条款的主要内容有:

(1) 供应方向采购方提供的履约保证金金额的具体规定。

(2) 采购方检验和测试货物方法与地点的具体规定。

(3) 在制造、运输、储存与交货过程中,为防止货损、货差必须办理有关保险的具体规定。

(4) 采购支付方法、条件、支付货币以及供应方完成合同规定的义务后,所应开具的发票和单据的具体规定。

(5) 有关改变费用和调整价格与价格调整公式的具体规定。

(6) 供应方逾期履约和逾期损失赔偿的具体规定。

四、采购合同的签订

1. 签订合同的审核

采购项目谈成、合同文本拟定好后,在正式签字前,应做好两件事:

(1) 审核合同文本

核对合同文本的一致性。合同文本一式几份,其内容和形式要相同,不能一份一样;文本内容要简明扼要,措辞严谨,要能准确表达出谈判的所有协议条件。

(2) 审核批文

要核对各种批件,如项目批文、许可证等是否完备,以及合同内容与批件内容是否一致。这一核对过程对供货方来说尤其需要,因为有些项目如没有批文或者许可证,就不能生产经营。

这种签约前的审核工作相当重要,因为合同文本与所谈条件不一致的情况时有发生,有的是无意的,有的却是故意的,如不认真核对,必然造成经济纠纷。审查文本务必对照原稿,不要只凭记忆阅读审核。

审核中如果发现问题,一般应及时互相通告,并立即对纠纷做正规化处理。不要在打印好的原稿上随手改动便当作正式文件,而应该在改动的基础上再重新打印几份;有些问题可能比较复杂,还需要双方再进行一次谈判,这时双方要互相谅解,根据需要可再调整签约时间,不要因此造成误会;对审核中可能发现的问题,思想上要早做准备,态度上要积极诚恳,行动上要干脆利落,以免重新陷入对垒的泥潭。

(3) 合同有效性的审核

1) 审核合同条款。正式合同签订以后,双方还要再次认真仔细地核对一遍。再次审核合同条款是否完备,是否准确地表达了双方的意愿,是否可能存在歧义。

2）审核签章。审核签字人员是否按规定签字盖章。如果签字人签的不是自己的真实姓名，或签字人单位没有按要求加盖公章，这样的签字是无效的。如供货方是个体老板，以个人名义签订合同，则应清楚地写明住址、身份证号等有关信息，防止出现经济纠纷时找不到当事人。

2. 签字确认

在采购谈判签约之前，还要认真确认签字人。一般来讲，签字人应该是谈判双方的法人代表或受其委托的代理人，否则该合同为无效合同。如签字双方彼此不熟，还要提供能证明其法人代表身份的有关资料。若有委托代理人签字，除了出示由法人代表签发的授权委托书外，还要提供证明法人代表身份的有关资料。

3. 签字仪式

为了表示合同的不同分量和影响，合同的签字仪式也不同。一般采购合同的签订，只需要谈判双方的法人代表签字即可，在谈判地点、宾馆饭店处都行，仪式可从简。重大合同的签订，由领导出面或需领导签字时，仪式比较隆重，要安排好签字仪式，仪式简繁取决于双方的态度。有时需专设签字桌，安排高级领导会见对方代表团成员等。

五、采购合同管理

1. 采购合同管理的意义

采购合同的管理对合同的双方都是十分重要的。合同的管理直接关系到采购项目实施是否顺利，合同双方各自自身的利益是否能得到保护，是否能最终实现自己的目标效益。因此，对采购合同实行科学有效的管理有着十分重要的意义。

2. 采购合同管理的方法

通过大量实践经验的总结，做好采购合同管理工作，最重要的就是合同双方在已熟悉合同条款的基础上，要明确各自的责任和义务，并采用严密的合同管理手段，从而将合同履行中可能遇到的漏洞、扯皮、责任、交叉等现象事先加以防范。

（1）明确各方的责任和义务

1）采购方的主要责任与义务

① 提供采购清单。

② 按合同支付有关款项。

③ 协助供应方办理相关手续，并协助供应方解决在商品供应过程中出现的问题。

④ 在发生供应方违约的情况下，负责处理中止、终止或撤销合同等事务。

⑤ 解决合同中的纠纷，如需对合同条款进行必要的变更，需要与供应方协商并取得一致意见。

2）供应方的主要责任与义务

① 在合同规定的时间内提交采购合同要求的商品。

② 制订供应计划并保证其稳妥性、可靠性和安全性。

③ 在供应过程中遇到不可抗力的特殊情况下，应及时的通知采购方。

④ 在有需要检测、安装及售后服务的商品采购中，应配合采购方进行相关的作业。

（2）严密的管理手段

采购合同管理工作，既要有明确的责任分工，又要有一系列严密的行之有效的管理手段，包括严格的审批程序、规范的现场会议制度，以及健全的合同文件管理系统。

1）严格的审批程序。进行合同管理，就必须按照惯例指定出各个条款中所规定的报批程序和审查批复的时限，如若不然，就会构成不同程度的违约。任何无理拖延都是不允许的，都有损于履行合同的严肃性。

2）规范的现场会议制度。在合同管理中，现场会议是采购方和供应方做好合同管理的一种有效措施。

第一次现场会议的任务是介绍工程师和供应方的班子人员与办事机构，制定行政例行程序，检查开工前的各项准备工作，陈述供应方的工程进度计划等。而例行现场会议是供应方开始供应后定期召开的现场会议，其任务是解决供应过程中的有关进度、质量、费用以及延期、索赔等问题。第一次现场会议和例行现场会议都必须有正式的会议议程，会议要做详细的记录，记录一旦被双方认可，就成为正式文件，对双方均有约束力。

3）健全的合同文件管理系统。采购合同是合同管理的基础工作之一，也是合同管理中的重要环节。合同签署后，管理合同的负责人应马上派专人建立自己的文件管理系统，尽快开始所有合同文件的整理分类和归档工作。有些项目管理者招标阶段就着手做此工作，这样就为以后的合同文件管理工作打好了基础。

合同文件管理系统建立之后，要建立严格的接收和发出合同文件的登记和借阅制度。不允许随意将任何文件私自带走，也不能在查阅时打乱文件原来存放的顺序。为了稳妥，可以将所有正式签署的合同文本复制一份，作为“阅视件”，当合同管理人员或者其他人员需要查阅合同文本时，只允许查“阅视件”。合同文件在一个采购项目中属于机密文件，任何泄密都有可能给项目带来不可弥补的损失，所以要特别注意合同文件的保密问题。

合同文件上主要包括以下内容：

① 招投标阶段文件。包括全套招标文件、标书释疑、投标人发来的信函、标书的补遗、评标文件等。

② 正式合同文件。包括合同协议书、中标函、投标书、合同条件、规范、图样、标价的工作量表以及所有辅助资料表和附件等。

③ 会议纪要。采购项目在实施的全过程中作为最主要的交流方式的是合同双方召开的多次会议。所有这些会议都要在结束时形成会议纪要，这些会议纪要都是非常重要的合同文件，是协调合同各方行动和解决争端的主要依据。

④ 来往信函。在采购活动的整个过程中，供应方和采购方的信函具有合同文件的效力，是合同支付、结算索赔及解决双方之间争端的重要依据。

⑤ 合同管理报表。在采购合同管理中，建立健全各类合同管理报表。

六、采购合同的违约责任与索赔

1. 违约责任

违约责任是指当事人违反合同约定应承担的民事责任。违约责任制度作为保障债务履行和债权实现的重要措施，是在债务人不履行债务时，国家强制债务人履行债务和承担法律责任的表现。

（1）违约责任的几种基本形式

1）不履行。不履行是指采购合同签订后，当事人在合同履行期限内完全不履行合同义务的行为。

2）不适当履行。不适当履行是指在合同履行期限内当事人有履行合同的行为，但履行行为不符合合同的约定，如履行的标的物的数量或质量的不适当，履行的地点或方式不适当等。

3）延期履行。延期履行是指履行合同的期限晚于合同规定的期限。供应商供货不及时就会导致采购方生产不能按时完成。

（2）承担违约责任的方式

1）继续履行。它是指当事人一方不履行合同义务或履行合同义务不符合约定，不论是否已经承担赔偿金或者违约金责任都必须根据对方的请求，在自己能够履行的条件下继续履行合同义务。

2）采取补救措施。它主要适用于质量不符合约定的情况。受损害方根据标的性质以及损失的大小，可以合理选择要求对方承担修理、更换、重做、退货、减少价款或者报酬等违约责任。

3）赔偿损失。赔偿损失的范围可由当事人双方自行约定，也可由法律直接规定。在法律没有特别规定和当事人没有另行约定的情况下，应按完全赔偿原则赔偿全部损失。

4）违约金。它是指由当事人通过协商预先确定的，在违约发生后作出的独立于履行行为以外的给付。违约合同具有惩罚的性质，即当事人违约，不论其是否给对方导致经济损失都必须支付违约金。

5）定金。如前所述，在当事人设立了违约定金的情况下任何一方不履行合同都将承担定金责任。

2. 索赔

索赔是采购合同履行过程中合同当事人的一方，由于非自身负责的原因而造成合同义务外的额外费用支出，从而通过一定的合法途径和程序，向合同当事人另一方要求予以某种形式的补偿活动。

（1）索赔的类型

1）按索赔的对象可分为施工索赔和商务索赔。

2）按索赔发生的原因可以分为违约索赔、变更索赔、采购方变化引起的索赔、工程暂停索赔、不利自然条件和客观障碍引起的索赔、合同缺陷索赔以及其他原因引起的索赔。

（2）索赔的程序

索赔的提出一般都会在合同当事人之间产生不同看法。要想索赔成功，提出索赔的一方必须遵守索赔程序。索赔一般要按以下几个步骤进行：

1）提出索赔要求。提出索赔的一方，在索赔事项发生的 28 天内以书面信件正式向另一方发出索赔通知书。

2）保存好同期记录。索赔事项发生后，提出索赔的一方要保存好当时的有关记录，以便作为证实材料。

3）提供索赔证明。在索赔通知发出后的 28 天内，提出索赔的一方应提交一份说明索赔依据和索赔款项的详细报告。

4）索赔支付。当提出索赔的一方提供的详细报告使另一方确认应偿付索赔款额时，另一方应在合同的支付期间向对方支付索赔款额。如果提出索赔的一方所提供的详细报告不足以证实全部索赔，另一方应按照已证实并令人信服的那部分索赔的详细资料给予提出索赔一方部分索赔付款。

（3）索赔报告的编写

一个完整的索赔报告书般包括 4 个部分：

1）总论部分。该部分要概括地叙述索赔事项的日期、过程，提出索赔要求的一方为减轻损失而做的努力，索赔事项造成的额外费用或工期延长天数以及提出索赔的要求。

2）合同引证部分。该部分的主要目的是论述提出索赔要求的一方有索赔权。该部分主要内容是该采购项目的合同条件以及采购项目所在国有关的索赔法律规定及类似的索赔案例，以论述自己索赔要求的合理性。

3）索赔款额计算部分。此部分是以具体的计价方法和计算过程说明提出索赔的一方应得到的经济补偿款额。

4）证据部分。证据部分通常以索赔报告书的附件形式出现，它包括该索赔事项所涉及的一切有关证据资料以及对这些证据的说明。

总之，合同管理人员要想索赔成功，必须审视索赔报告的编写，使索赔报告充满说服力，逻辑性强，符合实际，论述准确，使对方感到合情合理，有理有据。

七、采购合同的变更、中止和解除

想一想

2008 年 1 月，位于北方的 A 公司从位于南方的 B 公司处购得一批化学仪器，双方签订了采购合同，并且约定由 B 公司负责陆路运输至 A 公司，而当时正值南方下雪，道路阻断。

A 公司应该如何处置该采购合同？

1. 合同的变更

合同的变更就狭义而言，是指在保持合同主体同一性的前提下，对合同内容所作的改变。即合同依法成立后，在尚未履行或者尚未完全履行之前，当事人通过协商对合同内容所作的修改或者补充。合同的变更可由合同双方的任一方提出。在货物采购中一般合同的变更多由采购方提出。采购方根据有关法律规定可以对合同某些条款提出修改。

如果变更使供应方履行合同义务的费用或时间发生变化，合同价与交货时间应公平调整，同时相应修改合同。供应方进行调整的要求，必须在收到采购方变更指令后 30 天内提出。

2. 合同的中止

合同中止是指在采购过程中采购方发现供应方存在欺骗、贿赂、提供假证明等行为时，为了保护采购方的利益，在完成调查或法律审查之前根据充分的证据而实行的一种紧急措施。

对合同的中止应根据有关法律和合同条款规定实施。构成合同中止的原因一般主要有以下几种情况：

（1）供应方或企业为获得某一合同而犯有诈骗或刑事犯罪；

（2）犯有贪污、偷窃、伪造和贿赂等罪行；

（3）投标人提供假证明书；

（4）违反有关报价的不正当竞争；

（5）有商业道德不诚实记录，这种过错有可能严重影响现在合同人履约；

（6）其他性质严重或恶劣影响合同履行的原因。

中止合同决定应遵循以下原则：

（1）应采取明示的方式，给予合同人解释说明和辩护的机会。

（2）应立刻用信函方式通知另一方，并告之中止的原因，以及中止合同会产生的后果等有关事项。

（3）在中止期内有关方须尽快完成调查，否则中止将被取消。

3. 合同的解除

合同的解除实际上是不履行合同所规定的义务。引起合同的解除情况一般有三种。

（1）因违约行为而解除合同。例如供应方不按照合同规定履行义务，比如交货不符合规格，不能按合同规定日期交货至指定地点等。在这种情况下，一般做出解除合同的决定前，采购方应尽可能根据合同的具体规定，给予供应方补救机会，如通过罚款、赔偿相关损失、修补等补救措施，争取继续执行合同。

（2）由于采购人的原因导致合同解除。在这种条件下供应方可以要求采购方赔偿其损失。

（3）双方同意解除合同。由于各种特殊或紧急情况，在合同履行中合同一方可能会要求解除合同。出现这种情况时最好的办法是采购方和供应方共同协商，在有关合同解除条件上达成一致。

4. 合同的终止

《合同法》所称采购合同的权利义务终止，又称采购合同的终止或采购合同的权利义务消灭，是指由于某种法律事实的出现而使得采购合同当事人之间已经存在的权利、义务关系不复存在。

采购合同的权利、义务终止的原因，也就是前面所讲的采购合同权利与义务终止的法律事实。对此《合同法》第 91 条规定，有下列情形之一的，合同的权利、义务终止：

（1）义务已经按照约定履行；

（2）合同解除；

（3）债务相互抵消；

（4）债务人依法将标的物提存；

（5）债务人免除债务；

（6）债权债务同归于一人；

（7）法律规定或者当事人约定终止的其他情形。

采购合同终止的方法包括：

（1）采购合同清偿；

（2）合同解除；
（3）合同的撤销；
（4）采购合同的提存；
（5）采购合同的债务免除；
（6）采购合同的债权债务混同。

任务实施

本任务的重点是根据和SS贸易有限公司的谈判结果，拟订采购合同。

首先，根据谈判记录，草拟了一份部分留空的采购合同，并传真给SS贸易有限公司。合同文本如下：

苏州OYM自行车（太仓）有限公司与SS贸易有限公司原料采购合同

合同编号：MA20120520NN002

需方：__________（以下简称甲方）

供方：__________（以下简称乙方）

经协商同意，根据中华人民共和国经济法的规定，订立合同如下：

第一条 甲方向乙方订货总值为人民币______元。其产品名称、规格、质量（技术指标）、单价、总价等如下表所列：

材料名称	规格（mm）及型号	质量标准或技术指标	计量单位	单价（元）	合计（元）

第二条 产品包装规格及费用

第三条 验收方法

第四条 货款及费用等付款及结算办法

1. 交货方式：
2. 交货地点：
3. 交货日期：
4. 运输费：

第五条 经济责任

（一）乙方应负的经济责任

产品花色、品种、规格、质量不符合本合同规定时，甲方同意利用者，按质论价。不能利用的，乙方应负责保修、保退、保换。由于上述原因致延误交货时间，每逾期一日，乙方应按逾期交货部分货款总值的万分之三计算向甲方偿付逾期交货的违约金。

乙方未按本合同规定的产品数量交货时，少交的部分，甲方如果需要，应照数补交，甲方如不需要，可以退货。由于退货所造成的损失，由乙方承担。如甲方需要而乙方不能交货，则乙方应付给甲方不能交货部分货款总值的5%的罚金。

产品包装不符合本合同规定时，乙方应负责返修或重新包装，并承担反修或重新包装费用。如甲方要求不返修或不重新包装，乙方应按不符合同规定包装价值2%的罚金付给甲方。

产品交货时间不符合同规定时，每延期一天，乙方应偿付甲方以延期交货部分货款总值万分之三的罚金。

（二）甲方应负的经济责任

甲方如中途变更产品花色、品种、规格、质量或包装的规格，应偿付变更部分货款（或包装价值）总值×%的罚金。

甲方如中途退货，应事先与乙方协商，乙方同意退货的，应由甲方偿付乙方退货部分货款总值×%的罚金。乙方不同意退货的，甲方仍须按合同规定收货。

甲方未按规定时间和要求向乙方交付技术资料、原材料或包装物时，除乙方得将交货日期顺延外，每顺延一日，甲方应付给乙方顺延交货产品总值万分之三的罚金。如甲方始终不能提出应提交的上述资料等，应视同中途退货处理。

属甲方自提的材料，如甲方未按规定日期提货，每延期一天，应偿付乙方以延期提货部分货款总额万分之三的罚金。

甲方如未按规定日期向乙方付款，每延期一天，应按延期付款总额万分之三计算付给乙方，作为延期罚金。

乙方送货或代运的产品，如甲方拒绝接货，甲方应承担因而造成的损失和运输费用及罚金。

如果要调整产品价格，必须经双方协商，并报请物价部门批准后方能变更。在物价主管部门批准前，仍应按合同原订价格执行。如乙方因价格问题而影响交货，则每延期交货一天，乙方应按延期交货部分总值的万分之三作为罚金付给甲方。

第六条 甲、乙任何一方如要求全部或部分注销合同，必须提出充分理由，经双方协商，并报请上级主管部门备案。提出注销合同的一方须向对方偿付注销合同部分总额×%的补偿金。

第七条 如因生产资料、生产设备、生产工艺或市场发生重大变化，乙方须变更产品品种、花色、规格、质量、包装时，应提前×天与甲方协商。

第八条 本合同所订一切条款，甲、乙任何一方不得擅自变更或修改。如一方单独变更、修改本合同，对方有权拒绝生产或收货，并要求单独变更、修改合同的一方赔偿一切损失。

第九条 甲、乙任何一方如确因不可抗力的原因，不能履行本合同时，应及时向对方通知不能履行或须延期履行，部分履行合同的理由。在取得对方主管机关证明后，本合同可以不履行或延期履行或部分履行，并免予承担违约责任。

第十条 本合同在执行中如发生争议或纠纷，甲、乙双方应协商解决，解决不了时，任何一方均可向国家规定的合同管理机关申请调解仲裁。如一方对仲裁不服，可于接到仲裁书后15日内向人民法院起诉。

第十一条 本合同自双方签章之日起生效，到乙方将全部订货送齐经甲方验收无误，并按本合同规定将货款结算以后作废。

第十二条 本合同在执行期间，如有未尽事宜，得由甲乙双方协商，另订附则附于本合同之内，所有附则在法律上均与本合同有同等效力。

第十三条 本合同共一式____份，由甲、乙双方各执正本一份、副本____份，并报双方主管部门各一份。

甲方：	（盖章）	乙方：	（盖章）
负责人：	（签章）	负责人：	（签章）
经办人：	（签章）	经办人：	（签章）
地址：		地址：	
电话：		电话：	
开户银行、账号：		开户银行、账号：	
年　　月　　日		年　　月　　日	

其次，与SS贸易有限公司就合同相关条款一一确认，主要确认条款如下：

(1) 定义。

(2) 当事人的名称或者姓名和住所。

(3) 标的物。

(4) 数量。

(5) 质量。

(6) 专利权。

(7) 履约保证金。

(8) 履行期限、地点和方式。

(9) 价款。

(10) 支付。
(11) 包装。
(12) 运输。
(13) 检验标准和方法。
(14) 保险。
(15) 合同的修改。
(16) 违约责任。
(17) 不可抗力。
(18) 合同使用的文字及其效力。
(19) 合同的生效条件。

再次，经双方确认后，微调部分合同条款。

最后，双方确认采购合同相关条款并最终签约。

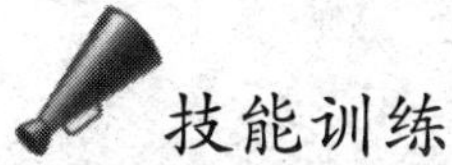

技能训练

拟订并签署采购合同

背景资料

×××学院拟为各教学单位教师改善办公条件，初步计划为每位坐班教师配备一台计算机，为每个办公室配备一台公用计算机，为坐班教师办公室配备打印机、传真机、复印机各一台，为其他办公室各配备打印机一台，其余办公设备，按需购买。

根据上次谈判结果，拟订并签署采购合同。

一、训练目标

掌握采购合同的内容与格式，具有拟订采购合同的能力。

二、训练步骤

1. 以 6～8 人为一组，选出组长一名。

2. 每个小组分成两支签约队伍，分别代表本组调查的教学单位和下一组考评得分最高的供应商。

三、训练步骤

1. 根据上一轮谈判结果设计企业采购合同书。

2. 模拟签订采购合同。

四、评分标准

1. 企业采购合同书设计全面（70 分）。

2. 企业采购合同签署流程规范，具备法律效益（30 分）。

思考与练习

一、选择题

1. 选择供应商时，由采购单位选出供应条件较为有利的几个供应商，同他们分别进行协商，再确定合适的供应商，这种方法叫（　　）。

A. 直观判断　　B. 招标选择　　C. 协商选择　　D. 评估选择

2. 重点供应商和普通供应商是按（　　）分类的。

A. 经营品种　　B. 供应商的重要程度

C. 经营品种　　D. 采购物品价值的大小

3. 供应商考评的对象是（　　）。

A. 已经通过认证，正在为企业服务的供应商

B. 初选的供应

C. 未通过认证的供应商

D. 企业已决定取消合作关系的供应商

4. 在采购谈判中，良好的开局气氛的特点是（　　）。

A. 尊重对方　　B. 友好合作　　C. 自然轻松　　D. 积极进取

5. 报价的原则是（　　）。

A. 合理制定开盘价　　B. 报价应严肃、果断、清晰

C. 避免主动评论　　D. 报价后即主动评论

6. 在磋商过程中，还价的基本要求是（　　）。

A. 做好准备　　B. 步步为营　　C. 统筹兼顾　　D. 做好保密

7. 合同的主要功能是（　　）。

A. 证明功能　　B. 约束功能　　C. 激励功能　　D. 控制功能

8. 按采购内容，合同可以分为（　　）。

A. 商品采购合同　　B. 工程采购合同

C. 服务采购合同　　D. 货物采购合同

9. 以下是采购合同的主要条款的有（　　）。

A. 专利　　B. 标的　　C. 运输　　D. 不可抗力

10. 违约责任有以下（　　）的基本形式。

A. 不履行　　B. 不适当履行　　C. 延迟履行　　D. 错误履行

二、判断题

1. 供应商的选择与开发是一回事。（　　）

2. 企业与供应商完全是竞争关系，企业采购时只要压低价格就可以了。（　　）

3. 企业在选择供应商时，供应商越多，选择机会就越大。（　　）

4. 在谈判过程中为了赢得对方的同情和理解，往往要将让步的真实原因向对方讲清。（　　）

5. 谈判中必须据理力争，不能让步。（　　）

6. 日式报价术是将最低价写在目录表上，以引起买家的注意。（　　）
7. 谈判的资料，包括总结材料，应编制成客户档案，善加保存。（　　）
8. 报价时应争取先报价。（　　）
9. 当采购方发现供应商违反有关报价的不正当竞争行为，可以终止采购合同。（　　）

三、简答题

1. 选择供应商的方法主要有哪些？
2. 选择供应商的标准是什么？
3. 简述选择供应商的步骤。
4. 磋商阶段谈判人员要掌握什么原则？
5. 交易达成阶段的主要目标有哪些？
6. 采购合同的违约责任有哪几种基本形式？承担违约责任的方式有哪些？
7. 采购合同的索赔程序是什么？
8. 如何进行采购合同的变更、中止、解除和终止？
9. 采购合同的履行应当坚持哪些基本原则？
10. 采购合同的签订程序是什么？

模块四

采购评估

任务1 管理采购质量

学习目标

1. 理解采购商品质量的内涵；
2. 具有采购质量管理的能力。

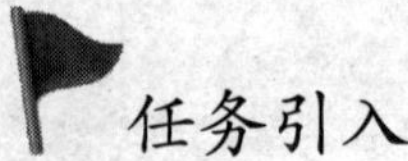

任务引入

采购合同签署之后，SS贸易有限公司开始供货，本任务要求做好货物验收等质量管理工作。

任务分析

采购人员在订单下达后，为确保交货安全，保证采购效果，就要准备进货验收，并认真组织货物的验收工作。

相关知识

一、采购商品质量的内涵

随着社会经济、科学技术和生产技术的发展，人们对质量的概念也在不断地完善和深化。国际标准化组织发布的ISO9000：2000《质量管理体系——基本原则和术语》标准，比较科学、严格地把质量定义为"一组采购产品固有特性满足要求的程度"。企业采购的商品也是产品，根据质量的定义，采购商品质量可概括为"采购产品的固有特性满足要求的程度"。其内涵包括以下几个方面。

1. 广义质量的概念

"质量"不仅是指产品，也指实体，包括产品、过程、企业体系或人员，以及上述各项的任意组合，即广义的质量的概念。

定义中的“采购产品”（或商品）不仅是指有形产品，还包括无形产品。ISO9000：2000 标准从质量管理的角度，把产品划分为 4 种类别。

（1）硬件

硬件是指具有特定形状的可分离的有形产品，一般由制造的、建造的或装配的零件、部件或组件组成，如机床、家用电器和木材等。硬件通常是有形产品并具有计数的特性。

（2）软件

软件是指通过承载媒体表达的信息组成的一种知识产物，如概念、知识、驾驶手册和计算机软件等。软件通常是无形产品并可以以方法、记录和程序的形式存在。

（3）流程性材料

流程性材料是指通过将原材料转化为某一预定状态所形成的有形产品，如燃料、润滑油、冷却液等。其状态可以是固体（粒状、块状、线状或板状材料）、液体或气体，并具有计量的特性。

（4）服务

服务是指为满足顾客的需要，供方和顾客之间接触的活动以及从供方内部活动所产生的结果，如运输服务等。服务是一种无形产品，在提供服务的过程中，有形产品也常成为服务的组成部分。

值得注意的是，许多产品由不同类别的产品构成，这种产品是服务、硬件、软件还是流程性材料取决于其主导成分。例如，外供产品“汽车”是由硬件（如发动机）、流程性材料（如汽油、冷却液）、软件（如发动机控制软件、驾驶员手册）和服务（如销售人员所做的操作说明）所组成，该产品的主导成分是硬件，所以，常把其当做为硬件产品。

2. 采购商品的质量特性

定义中的“固有特性”是指客观存在于产品中的某些永久的特性，它反映了产品满足要求的能力。每一类商品的质量特性不止一种，常有多种或几十种。每种质量特性对产品质量都有贡献，但其重要性不同，而且会由于用途不同而发生变化。同时，不同类别的产品具有不同的质量特性，如对于硬件和流程性材料类别的产品，大致可归纳为以下方面的质量特性：

（1）性能

性能指产品能适应用户使用目的所具有的技术特性，它综合反映了顾客和社会的要求对产品所规定的功能。它一般包括使用性能和外观性能，如载货汽车的载质量、速度、功率；金属切削刀具的硬度、强度、切削效率等。

（2）可用性

可用性是一个集合性术语，指与时间有关的质量特性。它用于反映产品的可用程度，具体表现为可用性、可靠性、维修性和维修保障性。

（3）安全性

安全性反映产品在储存、流通和使用过程中不发生由于产品质量而导致的人员伤亡、财产损失和环境污染的能力。它是一个最具刚性的指标，一般要严格加以保证。

（4）适应性

适应性反映产品适应外界环境变化的能力。

(5) 经济性

经济性反映产品合理的寿命周期费用。

(6) 时间性

时间性反映在规定时间内满足顾客财产对产品交货期和数量要求的能力，以及满足顾客要求随时间变化而变化的能力。

(7) 可追溯性

追溯所考虑产品的历史、应用情况或所处场所的能力，一般可涉及原材料和零部件的来源，以及加工历史、产品交付后的分布和场所。

质量特性由过程来保证，即在设计、研制、采购、生产制造和销售服务等全过程中实现并得到保证。过程中的各种活动的质量决定质量特性，从而决定了产品质量，为此，在采购中，也必须明确这些质量特性，并要保证这些质量特性满足使用要求。

定义中的“要求”是指明示的、通常隐含的或必须履行的需求或期望。明示的要求是依照法规法律、文件或合同中阐明的要求，而通常隐含的要求是一般惯例或习惯的要求。要求可由不同的相关方提出，采购方可以根据需要提出自己的要求等。

明确了采购质量的内涵，就会抓住采购质量的本质，为企业更有效地开展采购质量管理与控制打下坚实的基础。

采购货物的用途不同，其对于货物的质量标准也不一样。

二、货物标准及种类

1. 货物标准的概念

货物标准是指为保证货物适用性，对货物必须达到的某些或全部要求所制定的标准，包括品种、技术要求、试验方法、检验规则、包装、标示、运输和储存等。

货物标准是产品生产、质量验收、监督检验、贸易洽谈和储存运输等的依据和准则，也是对货物质量争议做出仲裁的依据，对保证和提高货物质量，提高生产、流通和使用的经济效益，维护消费者和用户的合法权益等都具有重要作用。

2. 货物标准的种类

(1) 按货物标准的等级分类

货物标准按照其适用领域和有效范围不同，可分为不同的层次、级别，其目的是为了适应不同技术水平、不同管理水平以及满足各种不同的经济要求。根据《中华人民共和国标准化法》，我国的标准划分为国家标准、行业标准、地方标准和企业标准 4 级。从世界范围来说，标准通常被分为国际标准、区域标准、国家标准、行业标准或专业团体标准、地方标准以及公司（企业）标准 6 级。

1）国际标准。国际标准是指由国际标准化组织（ISO）和国际电工委员会（IEC）制定的标准，以及经国际标准化组织认可并收集到《国际标准题录索引》中加以公布的其他国际组织所制定的标准。它们已为大多数国家承认和不同程度地采用。

2）区域标准。区域标准是指由世界某一区域标准化组织制定的标准。制定区域标准的目的在于促进区域性标准化组织成员进行贸易，便于该地区的技术合作和技术交流，协调该地区与国际化标准组织的关系。国际上较为重要的区域标准有欧洲标准化委员会（CEN）

制定的欧洲标准（EN）、欧洲电工标准化委员会（CENELEC）制定的标准、亚洲标准咨询委员会（ASAC）制定的标准、泛美技术标准委员会（COPANT）制定的标准、非洲地区标准化组织（ARSO）制定的标准等。

3）国家标准。国家标准是指国家标准化主管机构批准发布，对国家经济、技术发展有重大意义，必须在全国范围内统一的标准。我国国家标准主要包括重要的工农业产品（商品）标准；基本原料、材料、燃料标准；通用的零件、部件、元件、器件和工具、量具标准；通用的试验和检验方法标准；商品质量分等标准；广泛使用的基础标准；有关安全、卫生、健康和环境保护标准；有关互配通用技术术语标准等。

4）行业标准或专业团体标准。我国行业标准是指在没有国家标准的情况下，需要在行业范围内统一制定和实施的标准。行业标准包括行业范围内主要产品标准；通用的零件、配件标准；设备、工具和原材料标准；工艺规程标准；通用的术语、符号、规则、方法等基础标准。

5）地方标准。我国地方标准是指在没有国家标准和行业标准的情况下，需要在地区内统一制定和使用的标准。地方标准的范围，主要控制在工业产品安全卫生要求和由地方特色的产品标准以及农业标准，不能扩大到工业产品标准。建立地方标准的目的主要是考虑到我国各地经济发展的不平衡并促进地方经济的发展，但不能形成市场分割和贸易保护。

6）公司（企业）标准。该标准是指由企业制定发布，在该企业范围内统一使用的标准。企业生产的产品没有国家标准和行业标准时，应当制定企业标准，作为企业组织生产、经营活动的依据。已有国家标准和行业标准的，企业也可以制定严于国家标准或行业标准的内控企业标准，以提高产品质量水平，保证产品质量超过国家或行业标准甚至国际标准的要求。

（2）按货物标准的性质分类

按货物标准的性质可将其分为技术标准、管理标准和工作标准。

1）技术标准。技术标准是对标准化领域中需要协调统一的技术事项所制定的标准。它是从事生产、建设工作以及商品流通的一种共同技术依据。凡是生产的工业产品、主要农产品、各类工程建设、环境保护、安全和卫生条件以及其他应当统一的技术要求，都必须制定技术标准。它主要包括基础标准、产品（商品）标准、方法标准、安全标准、卫生标准和环境保护标准。

2）管理标准。管理标准是对标准化领域中需要协调统一的管理事项所制定的标准，一般包括技术管理标准、生产管理标准、经济管理标准、行政管理标准与业务管理标准等。

3）工作标准。工作标准是指对标准化领域中需要协调统一的工作事项所制定的标准，通常包括基础工作、工作质量、工作程序和工作方法等方面的标准。

在这三类标准中，数量最多的是技术标准。

（3）按货物标准的实施方式分类

按货物标准的实施方式可将其分为强制性标准和推荐性标准。强制性标准是指由法规规定，要强制实行的标准，也称为法规性标准。推荐性标准是指除强制性标准以外，企业自愿采用、自愿认证的标准，又称为自愿性标准。在实行市场经济的国家中大多使用推荐性标准，国际标准也是推荐性标准。

《中华人民共和国标准化法》规定，国家标准、行业标准分为强制性标准和推荐性标准。

凡涉及保障人体健康、人身、财产安全的标准及法律、行政法规规定强制执行的标准均为强制性标准，其余标准是推荐性标准。强制性标准必须严格执行，凡不符合强制性标准的产品，禁止生产、销售和出口。国家采取优惠措施鼓励企业自愿采用推荐性标准。

3. 货物标准的内容

货物标准一般由概述、正文和补充三部分构成。我国货物标准的基本内容可归纳为以下几方面。

（1）主题内容、适用范围和引用标准

在标准中，首先需要简要说明该项规定的主要内容、适用范围和应用领域以及不适用范围。其次应列出和注明该标准所引用的所有其他标准的代号、编号和名称。

（2）分类

分类是货物（商品、产品）标准技术内容的重要组成部分，一般是指货物（商品、产品）分类原则与分类表示方法。分类原则是货物（商品、产品）分类的依据，通常按其成分、性状、结构或其他特性进行分类。例如，电子类商品按结构、使用特性分类；化工商品按化学分子式或结构分类。同一类商品再按尺寸、溶剂或其他成分划分成不同规格。分类的目的在于合理地规定商品品种、形式和规格，以便于用户选择和组织生产与经营。

（3）技术要求

技术要求是货物标准的中心内容，包括物理性能、化学性能、感官特性、稳定性、可靠性、能耗指标、材料要求、工艺要求、环境条件、有关质量保证、卫生、安全和环境保护方面的要求以及质量等级规定等。它是指导商品生产、流通、适用消费者以及进行质量检验和评价的主要指标。通过这些指标能够全面而准确地判定货物的质量等级。

（4）试验方法和检验规则

试验方法是为考核与判定货物质量是否符合标准要求，面对试验方法、程序手段以及试验结果分析处理等所做的具体规定。其内容包括试验项目、各项质量指标的含义、试验原理和方法、试验用仪器设备、试样和试剂的制备、试验的环境条件、试验程序和操作方法、试验结果的计算与评定等。

检验规则是对出厂检验、验收检验以及监督检验所做的有关技术规定，主要包括检验分类、检验项目、商品分批与抽样检验规则和复验规则等。

（5）包装、标志、运输和储存

在标准中必须明确规定商品的包装、标志、运输和储存要求，以保证货物质量从出场到交付使用的过程不受损失。对货物包装的要求，一般规定包装材料、包装技术和方式、每件包装中货物的数量及质（重）量或体积、内包装物的技术要求、包装的试验方法、检验规则等。对货物标志和外包装标志，一般规定标志的位置、内容制作方法和质量要求等。商品标志的内容包括货物名称、生产厂家或公司名称、货物型号或标记、质量等级或认证标志、商标、主要参数、使用说明、出厂日期、生产批号、有效期限等。外包装标志的内容包括制造厂商名称、货物名称、型号、数量、毛重、储运指示标志和危险品标志等。对运输要求，一般规定合理的运输方式（工具）、运输条件以及运输装卸中应注意的事项等。对储存要求，规定了储存场所、条件、方法和搬运、堆垛方法以及储存期限和抽查时间等。

三、商品质量控制阶段

供应商的质量控制必须包括产品质量的所有方面。设计要根据采购方的详细说明；产品要满足采购方所有的要求；检查产成品是否达到各项规定，能否安全地送到采购方的手中。在这些要求的基础上，商品质量控制包括设计、制造与物流三大环节，每个环节的具体内容在下文中加以阐述。

1. 设计控制

在产品设计中，质量控制可以帮助供应商在制造一个产品时达到几个设计目标（诸如产品的可靠程度、安全性及功能方面的特征）。在设计中实施质量控制可以帮助供应商制造一个没有隐患的产品。这些目标可由在产品设计和产品进入大规模生产线的生产设计所作的质量控制体系达到。

（1）产品设计

产品设计是指在设计和研究开发阶段确定产品质量，以及在不同条件下确定产品特征变化的方法，这一过程由三步组成：产品体系设计、产品参数设计以及产品允许误差设计。

产品允许误差设计是设计过程的最终阶段。仅当参数设计阶段产品性能不可能被接受时，才考虑产品允许误差设计。它确定了与目标规格多大的误差是被允许的，同时考虑了产品的性能和成本。在比较宽的区间偏差中表现卓越的构件数不易于在使用中发生问题，如果宽的区间是不可能达到的，那么将考虑构件优化，即哪个构件应有更高的质量（更昂贵）和哪个可以有较低的质量（更便宜）。

（2）生产设计

在产品设计完成之后，生产过程设计是以经济地提供同质的产品为目标。这个过程与产品设计过程一样有三个步骤：过程系统设计、过程参数设计和过程允许误差设计。

1）过程系统设计详细说明了生产过程和它们连接的系统。

2）过程参数设计包括减小生产过程中各种可能因素的影响。例如，在一个烧瓦的流程中，烧瓦的范围并不是均匀的，因为在管道窑中不同地方的温度不相同。试验显示，在原始的混合物中增加5%的某种生石灰将使温度对瓦片的影响减少90%，这是唯一已知的不增加成本而提高产品质量的方法。

3）过程允许误差设计改进设备，会减少错误产生的原因，然而完全消除这些错误是不可能的，因此在对产品和过程设计的参数设计中应增大对误差的敏感度。

2. 制造过程控制

制造过程控制通过诊断问题和解决问题两个阶段与设计控制过程相关联，其目标是通过既定的规范化准则保证生产出同质的产品，这些目标能通过在生产过程中的诊断问题和解决问题来达到。诊断问题和解决问题构成了一种通过分析生产过程中的数据来实现流程控制的方法，它包括测定和改进产品及流程标准有效性的质量控制技术，如果流程能够在已有的标准下生产产品，那么生产过程将不作任何改进地持续下去。否则，另外的质量控制信息（诸如控制图表），就需要用来诊断问题和解决问题。

（1）明确表示流程

流程图是表示生产过程的主要工具，它是流程的图像化表达，由按联系的顺序列出所有步骤和显示它们之间的联系得到，流程被表示出来以后，有助于实施分析以发现与质量相关的问题。

(2) 问题定义

质量控制强调在生产的不同阶段将问题定义作为供应商解决问题的首要步骤。所谓问题就是发生了与事先规定的标准不相符合的情况，如操作问题被定义为与设计要求或采购方的规定有偏差的行为或事件。

(3) 确定控制变量

确定关键的变量是诊断过程的必要部分，在这个阶段，要通过收集数据，画出流程控制图来确定那些对质量或其他相关的生产规则有显著影响的变量。

(4) 找出原因

一旦控制变量已经被确定，下一步即是找出造成质量问题的原因。把质量问题原因同一个生产过程中的控制变量相联系并不是简单的事情，要找出最有可能的原因，排除最不可能的原因。

(5) 原因分析

分析每个可能的原因是基于收集来的数据，包括对数据的统计分析。

(6) 得出结论

在前面叙述的步骤之后自然就是得出一个结论，但是结论仍然需要以其他信息为基础(诸如过去的经验、实验室试验以及群体智力决策等)，任何做出的结论必须由前面步骤的分析所支持，并随着新的数据的出现而更新。

(7) 制定并提高标准

任何一个结论如果导致做出改进的新决定，都必须以标准的形式详细地叙述，提高标准促使修改现行的程序，使之在采购方要求的基础上建立和控制新的标准成为必要。由采购方、设计工程师和质量控制管理者检查和认可之后，新标准被确定，并会促进产品质量的提高。

(8) 实施行动

这是供应商过程控制中关键的一步。一旦一个关于提高的标准被认可之后，一份关于提高标准的报告会被送至生产部门，以利于监督实施。这种监督的主要目的是确保有效的信息在工作人员中的使用，以及在必要的时候采取纠正行动。

(9) 分析目标

供应商应该根据质量的改进不断分析和提高改进的目标。追求质量改善远远不只是诊断问题和发现问题，还包括每个员工要出色地完成每项任务。

3. 采购商品物流质量控制

采购商品物流质量控制的大部分业务由采购部门实施完成。

(1) 供求双方关系对质量的影响

虽然产品质量通常由供应商负责，但也需要采购方有关部门的努力，如通过培训供应商以提高他们产品的质量。培训取决于供应商的产品质量以及采购方和供应商之间的关系类型。

对供应商来说，理想的解决办法是建立一个方案，在供应方对设计、制造和运输各个阶段进行质量控制。这样可以取消采购方接受货物时的重复检验，还能提高质量水平，降低制

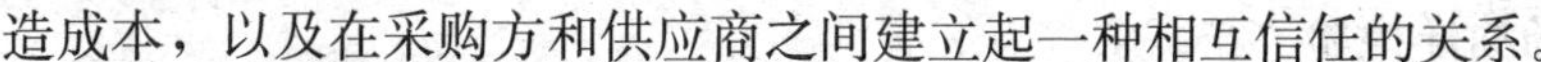

造成本，以及在采购方和供应商之间建立起一种相互信任的关系。

(2) 分销配送职责

供应商的质量责任还应包括：

1) 在物品送到分销配送中心之前进行检查，做出充分的质量担保，尽量找出任何存在的质量缺陷；

2) 在发送时检查有缺陷的产品百分比；

3) 核实发送的有缺陷的产品，送回至产生这个错误的地方或者以订单的形式返回；

4) 确保分销配送中的每一项配送任务按期完成，以准时发送物品为目标；

5) 检查包装是否充分，运输方式和产品的装卸是否合理。

(3) 客户服务

消费者的质量控制有其自身的特定要求：

1) 确定产品说明书和服务手册信息是否充分；

2) 访问用户，回答产品技术上的问题；

3) 检测顾客的满意度；

4) 发现或者预测顾客不满意的地方；

5) 收集并分析关于有缺陷的或者被退回的产品的信息；

6) 利用消费者的信息进行产品的重新设计和质量完善。

经理人员、工程师、技术人员和质量控制人员在客户服务部中均扮演了极其重要的角色，不仅在决定供应商成功地满足采购方的需要方面是这样的，在保持高的产品安全标准方面也是这样。

四、采购商品质量认证的概念及方法

采购商品质量检验在实际操作中通常被认为是商品质量认证，故以下就统称为采购商品质量认证。

1. 采购商品质量认证的概念

根据《中华人民共和国产品质量认证管理条例》，产品（商品）质量认证是依据产品（商品）标准和相应的技术要求，经认证机构确认并通过颁发认证证书和认证标志来证明某一产品（商品）符合相应标准和相应技术要求的活动。

理解上述定义时，应注意抓住以下几个基本要素：

(1) 质量认证的对象是货物（商品、产品）或服务。

(2) 质量认证的依据是特定的货物（产品、商品）标准以及补充的技术要求。

(3) 质量认证机构应为独立的第三方。

(4) 证明质量符合认证标准的标志是认证证书或认证标志。

(5) 质量认证一般遵循自愿性原则。

2. 采购商品质量认证的方式

目前，世界各国的货物质量认证方式有以下 8 种：

(1) 形式试验

形式试验是按照规定的试验方法对产品的样品进行一次性试验，以证明样品是否符合指定的标准和技术要求。

(2) 形式试验加上市场抽样检验

这是一种带有认证后监督措施的形式试验。监督的办法是从市场购买样品或从批发商、零售商的仓库中随机抽样进行检验，以证明认证货物的质量持续符合标准和技术要求。

(3) 形式试验加上供方抽样检验

这种质量认证方式和第二种相似，只是监督的方式有所不同，它不是从市场上抽样，而是从供方发货前的产品中随机抽样进行检验。

(4) 形式试验加上市场抽样和供方检验

这种质量认证方式是上述第二、第三两种认证方式的综合，监督检验所用的样品来自市场抽样和供方随机抽样。

(5) 形式试验加上对供方质量管理体系的评估，再加上分别对供方和市场抽样检验

这种认证方式的显著特点是，在批准认证的资格条件中增加了对供方质量管理体系的检查和评定，在批准认证后的监督措施中也增加了对供方质量管理体系的复查。

(6) 只对供方管理体系进行评定和认可

这种认证方式也称为质量保证能力认证，是对供方按既定标准或技术规范要求提供产品的质量保证能力进行评定和认可，而不是对最终产品进行认证。

(7) 批量检验

根据规定的抽样方案，对一批货物进行抽样检验，并据此做出该批货物是否符合标准或技术规范的判断。

(8) 百分之百检验

对每一件货物在出厂前都要依据标准经认可的独立检验机构进行检验。

五、采购商品质量认证的程序

1. 采购商品质量认证标准

(1) 制定认证用的货物标准

这是开展认证的前提和依据。通常是制定采用国际标准的国家标准，其中应包括对实验设备的要求和检验程序，以便在同样的外部环境和条件下，对来自不同地方的货物做出是否符合标准的公平判断。

(2) 申请

由制造商、批发商按认证机构的规定填写申请书，正式向认证机构提出申请，其内容在ISO/IEC第22号、28号技术工作指南中均有详细规定。

(3) 现场检查

由认证检察机构或其委托机构派人到申请企业，根据申请书和认证要求进行现场检查（初始检查），并抽取样品进行形式试验。其具体内容为：

1) 检查和评价企业的质量管理体系，以鉴定是否具有持续提供符合标准的商品（产品）或服务的质量保证能力。

2) 按照规定标准的全部要求，对样品进行形式试验，确定货物（产品、商品）或服务的质量状况，根据试验结果，做出最终评定。

(4) 颁发证书

认证机构在上述工作完成后，经委员会审查和评议，如认为符合有关规定和技术标准，

则由认证机构颁发认证证书，允许使用相关认证标志。

(5) 例行监督

颁发认证证书后，认证机构继续对企业的质量保证体系进行监督检查。在认证标志使用有效期内，认证机构可随时在工厂、市场或用户单位抽取样品进行监督检验。经过对质量管理体系的复查和样品的监督检验，如发现不符合规定要求时，认证机构可根据具体情况，做出停止使用认证标志、撤销认证的处理决定，以维护认证机构的信誉。

2. 实验室认证

对商品质量认证时，一般是由认证管理部门直辖的检测机构进行货物质量检验，也可以委托其他实验室承担这项任务，如科研单位、大专院校以及生产企业和商业企业的实验室等。承担货物质量检验的实验室，要由认证机构认可，其检验结果才能取得社会公认。实验室认证是指依据认可准则和一定的技术能力，实验室设备条件、管理水平、检验工作质量等，评定合格的由认证机构颁发认证证书，给予注册公布，证明该实验室为认证机构认可的检测实验室。实验室认证也称为实验室认可，主要包括检测实验室认可、检验人员（检查人员或审核人员）及评审人员认可。

六、采购商品质量检验的常用方法

想一想

某家公司新投资一个面包生产厂，现欲采购相关的原材料以及生产设备，请你分别为它们的如下原材料选择相关的检验方法：

(1) 烤面包机；(2) 面粉；(3) 白砂糖；(4) 食用颜料。

1. 感官检验法

感官检验，又称感官分析、感官检查或感官评价，它是用人的感觉器官作为检验器具，对货物的色、香、味、形、手感、音色等感官质量特性，在一定条件下做出判定或评价的检验方法。它简便易行、快速灵活、成本较低，特别适用于目前还不能用仪器定量评价其感官指标的货物和不具备组织昂贵、复杂仪器检验的企业、部门及消费者。感官检验涉及绝大多数商品，主要有食品、药品、纺织品及服装、化妆品、家用电器、化工商品等。

按照人的感觉器官的不同，感官检验可分为视觉检验、嗅觉检验、味觉检验、触觉检验和听觉检验等。

(1) 视觉检验

视觉检验是指用视觉来检查物品的外形、结构、颜色、光泽以及表面状态、疵点等质量特性。光、物品体、眼睛和大脑是构成视觉的要素。光线的强弱、照射方向、背景对比以及检验人员的生理、心理和专业能力，都会影响视觉检验效果。为了提高视觉检验效果的可靠性，视觉检验必须在标准照明（非直射典型日光或标准人工光源）条件下和适宜的环境中进行，并且应对检验人员进行必要的挑选和专门的训练。

(2) 嗅觉检验

嗅觉检验是指通过嗅觉检查商品的气味，进而评价货物质量。嗅觉虽然重要，但对人类来说可能是属于较退化的一种感觉机能。通常由商品体发散于空气中的物质微粒作用于鼻腔上部嗅觉细胞，产生兴奋，再传入大脑皮层引起嗅觉感觉。为了保证嗅觉检验的工作质量，必须对检验人员进行测试、严格选择和培训，在检验中还应避免检验人员的嗅觉器官长时间与强烈的挥发物质接触，并注意采取措施防止串味现象。

（3）味觉检验

味觉检验是指利用人的味觉来检查由一定滋味要求的货物（如食品、药品等）。味觉是溶解于水或唾液中的化学物质作用于舌面和口腔黏膜上的味觉细胞（味蕾）产生的兴奋，再传入大脑皮层而引起的感觉。为了顺利地进行味觉检验，一方面要求检验人员必须具有辨别基本味觉特征的能力，并且被检样品的温度要与对照样品温度一致；另一方面要采用正确的检验方法，遵循一定的规程。如检验时不能吞咽物质，应使其在口中慢慢移动，每次检验前后都必须用水漱口。

（4）触觉检验

触觉检验是指利用人的触觉感受对于被检货物轻轻作用的反应——触觉来评价货物质量。触觉是皮肤受到机械刺激而引起的感觉，包括触压觉和触摸觉，是皮肤感觉的一种。触觉检验时，应注意环境条件的稳定和保持手指皮肤处于正常状态，并加强对检验人员的专门培训。

（5）听觉检验

听觉检验是指凭借听觉来检查货物质量，如检查玻璃制品、瓷器、金属制品有无裂纹或其他内在的缺陷；评价以声音作为重要指标的乐器、收录音机、音响装置等以及要求无噪声的机电商品；评定食品的成熟度、新鲜度、冷冻程度等。听觉检验至今尚无法用仪器测定来替代，其重要原因之一就是人的听觉灵敏度高且动作范围宽，如 20 岁左右的正常年轻人的听觉，其最小响应值为 0 dB，动作范围为 20 dB。人的听觉因人、声音波长的不同而异。听觉检验与其他感官检验一样，也需要适宜的环境条件，力求安静，避免外界因素对听觉灵敏度的影响。

2. 物理检验法

物理检验法因其检验商品的性质和要求不同，采用的测试仪器和具体方法也不相同，通常又分为一般物理检验法、光学检验法、热学检验法、力学检验法和电学检验法等。

（1）一般物理检验法

它是一种通过各种量具、量仪、天平、秤或专用仪器来测定商品的长度、细度、面积、体积、厚度、质量（物体中所含物质的多少）、密度、堆密度、粒度和表面粗糙度等一般物理特性的方法。

（2）光学检验法

它是一种利用光学仪器（如光学显微镜、折光仪、旋光仪等）来检验货物的方法。光学显微镜主要是用来观察、测量商品的细微结构，并根据这些形态结构特性，进一步鉴定货物的种类和使用性能。折光仪用于测定液体的折光率，在中间产品的质量控制和成品的质量分析中有重要的作用，例如鉴定植物油的掺假或变质。旋光仪通过对旋光性物质（分子中含有不对称碳原子的有机物，如蔗糖、葡萄糖、薄荷脑等）的比旋光度进行测定，可鉴定旋光性物质的纯度。

（3）热学检验法

它是一种使用热学仪器测定商品的热学特性的方法。这些特性包括熔点、凝固点、沸点和耐热性等。玻璃和搪瓷制品、金属制品、化妆品、化工商品、塑料制品、橡胶制品以及皮革制品等，它们的热学性质都与货物的质量和品种有关。

（4）力学检验法

它是一种通过各种力学仪器测定货物的力学性能的检验方法。这些性能包括抗拉强度、抗压强度、抗剪强度或抗弯强度、抗冲击强度、抗疲劳强度、耐磨强度、硬度和弹（塑）性等。商品的力学性能与其耐用性密切相关。

（5）电学检验法

它是一种利用电学仪器测定货物的电学特性（如电阻、电容、介电常数、电导率、静电电压半衰期等）的方法。通过对商品的某些电学特性如电阻、电容等的测量，还可以间接测定货物的其他质量特性，如吸湿性、材质的不匀率等。

3. 化学检验法

化学检验法是用化学试剂和仪器对货物的化学成分及其含量进行测定，进而判定货物是否合格的方法。按照具体操作方法，它可分为化学分析法和仪器分析法两类。

（1）化学分析法

它是一种根据已知的、能定量完成的化学反应进行分析的方法。依其所用的测定方法的不同，它又分为重量分析法、容量分析法和气体分析法三种。

1）重量分析法。重量分析法是一种较准确的分析方法，它选择某种试剂与被测定成分反应，生成一种难溶的沉淀物，再通过过滤、洗涤、干燥和灼烧等过程，使沉淀与其他成分分离，然后根据这种沉淀物的重量计算被测成分的含量。

2）容量分析法。容量分析法是在被测定成分溶液中，滴加一种已知准确浓度的试剂（标准溶液），根据它们反应完全时所消耗标准溶液的体积计算出被测成分的含量。容量分析法操作简便，并能达到一定的准确度，应用非常广泛。

3）气体分析法。气体分析法是用适当的吸收剂吸收试样（混合气体）中的被测成分气体体积的变化，来确定被测成分的含量。

（2）仪器分析法

仪器分析法是一类通过检验试样的光学性质、电化学性质等而求出待测成分含量的化学检验法。它包括光学分析法和电化学分析法两种。

1）光学分析法。光学分析法是指通过被测成分吸收或发射电磁辐射的特性差异来进行化学鉴定，具体有比色法、分光光度法（原子吸收光谱、可见光谱和紫外光谱、红外光谱）、核磁共振波谱法、荧光光谱法、发射光谱法等。

2）电化学分析法。电化学分析法是指利用被测物的化学组成与电物理量（如电极电位、电流、电量或电导等）之间的定量关系来确定被测物的组成和含量。它包括伏安法、极谱法、电位滴定法、电导滴定法、电解分析法等。

仪器分析法适用于微量成分含量的分析，操作较简便、快捷，但对某些成分分析的灵敏度较低，不如化学分析法准确，且处理费时，仪器价格较贵，对操作人员要求较高，从而使其应用有一定的局限性。

4. 生物学检验法

生物学检验法是食品类、医药类和日用工业品类等质量检验的常用方法之一，它包括微生物学检验法和生理学检验法两种。

（1）微生物学检验法

微生物学检验法利用显微镜观察法、培养法、分离法和形态观察法等，对商品有害微生物存在与否及其存在数量进行检验，并判定其是否超过允许限度。这些有害微生物包括大肠杆菌、致病性微生物和霉腐微生物等，它们直接危害人体健康或危及货物的安全储存。

（2）生理学检验法

生理学检验法用于检验食品的可消化率、发热量、维生素和矿物质对机体的作用以及食品中某些成分的毒性等。该法多用活体动物进行试验。只有经过无毒害性试验，视情况需要并经有关部门批准后，才能在人体上进行试验。

七、采购商品质量管理注意事项

采购商品质量是影响产品质量的重要因素之一，它影响着企业的兴衰和成败。因此，在采购的全过程中实行强而有力的质量管理与控制，构建全新的采购质量管理体系，是企业发展和振兴的永恒主题。

1. 培植现代质量管理理念，强化采购质量意识

随着经济一体化的进程加快以及 ISO9000 族标准的普遍采用，质量管理领域发生了观念上的变革，一些新的质量管理理念不断涌现。为此，企业应培植现代质量管理理念，强化采购质量意识。而要做到这一点，就要求企业领导在组织商品生产经济活动时，企业采购人员、质量管理人员、质量检验人员在从事采购商品质量管理与控制活动中，都必须树立和强化“质量第一”“预防为主”“持续改进”“协作精神”“注重质量效益”“顾客至上”等理念，增强关心采购质量和保护质量的自觉性。质量意识的形成和提高，是一个长期的过程，但可通过以下方法强化质量意识的形成。

（1）强化采购员的质量意识

通过各种形式的学习、宣传，提高采购人员对采购商品质量重要性的认识，提高学法守法的自觉性，严格按质量法规、质量标准做好有关工作，树立以质量为核心的职业道德，明确没有质量，企业就没有效益，个人就没有利益，从而不断增强质量意识。

（2）强化领导层的质量意识

提高全员质量意识，关键在于企业领导层的质量意识，只有领导决策层有强烈的质量意识，高度重视采购质量工作，把质量管理作为企业经营中心工作真抓实干，才能提高全员质量意识，形成强大的内在动力，不断提高采购质量。

2. 加强采购的全过程质量管理

采购过程实际上是商流和物流活动的完整结合，在这个过程中，涉及供应商的选择、与供应商谈判及成交、对供应商进行质量管理与控制、对供应商商品质量进行验证、进货检验与验收等活动，可见，采购商品的质量管理是一个系统工程，必须对每一个环节进行控制，实行全过程质量管理，严格把好每一个环节质量关。

（1）明确各部门的质量职责，建立相应的质量控制程序

采购质量并不仅仅是采购部门的事，还与设计技术、质量管理、检验以及企业上层管理

等部门有关。因此，应结合企业实际情况，商讨、分析、明确质量职责，在此基础上进行分工。一般来说，采购部门负责制订采购计划，实施采购质量管理与控制程序，确保供应商评价、采购资料、采购商品验证等活动均处于受控状态并建立供应商档案。质量管理部门负责采购商品质量认证和供应商质量管理水平与质量保证能力的审核评定，以及采购商品的进货检验和合格供应商资格的定期复审工作。设计技术部门根据采购商品对产品质量的影响程度进行分类，提供检验，试验规范并负责合格供应商名单的批准。检验部门对送检的样品根据委托内容进行检验试验和鉴定并出具检测、鉴定报告。企业上层管理部门主要制定采购政策，和有关部门一起确定货源，制定不合格处理程序，对供应商进行评级等。上述各部门的职责和分工并不是要求独立地完成，事实上，各项事项的完成需要有关部门的配合与协作。

(2) 建立健全采购质量管理制度

为保证采购商品质量，必须制定严格的质量管理制度，来规范和约束与采购有关的人员行为，防止暗箱操作。对做出突出成绩的部门和人员应给予奖励，对个别有章不循、损公肥私、订人情货、采购质次价高甚至假冒伪劣商品给企业带来经济损失的人，应坚决处理，情节严重的应送司法机关处理，以保障采购质量管理工作有章可循，树立质量监督的权威性。

1）实施“三统一分”制度。“三统一分”是指所有采购商品统一采购验收，统一审核结算，统一转账付款，费用分开控制。只有统一采购验收，才能保证质量，满足需求。

2）实施“五到位一到底”制度。“五到位”就是采购的每批商品必须由采购人、验收人、证明人、批准人和财务审核人在凭证上签字才算手续齐全；“一到底”即是负责到底，谁采购谁负责到底，包括价格、质量和使用效果都记录在案并经得起检查。

3）建立起较完善的供应商质量管理制度。对供应商的选择、评定和审核等工作均应建立完善程序，严格按要求和标准执行。

4）建立采购商品质量档案制度。建立采购商品质量档案有利于全面、动态地掌握采购商品质量，便于及时向供应商进行信息反馈，不断改进和提高商品质量。为此，也可以根据自己的情况，应有重点、有选择地对大宗、关键、技术性强的采购商品建立相应的质量档案。质量档案的内容要全面，主要包括商品的合格证、试验报告、化验单、使用说明书、验收记录、保管保养记录、出库检验记录、使用中发现问题的处理意见等。要建立质量档案的管理制度，设置专人对质量档案进行管理，以供选择、优化供应商时参考。

5）建立全过程、全方位质量管理制度。全过程质量监管是指对计划、审批、询价、招标、核算等所有环节都有监督，重点是对制订采购计划、供应商选择、供应商质量控制、质量验收 4 个环节的监管，以保证对供应商的选择和验收不降低标准，不弄虚作假。全方位监管是指行政监察、财务审计和制度考核三管齐下。

(3) 加强对供应商的动态管理

要提高采购商品质量，以保证在合格的供应商名单范围内采购，同时，应加强对供应商的管理。为此，企业应按照采购要求，对不同采购商品进行定期质量缺陷分级评定，据此对供应商进行等级评定。另外，也可以定期对供应商的质量稳定性、售后服务水平、供货及时性、供货量的保证能力进行综合评价。对优秀的供应商继续保留或提高等级，对不好的供应商进行降级处理或从供应商名单中剔除，实现供应商质量管理的良好循环。

(4) 严格把好质量检验关

1）质量检验人员应熟知质量采购标准、试验方法、质量评定规程，对于新标准，应认真宣传贯彻，弄清其技术原理。

2）质量检验人员应按照采购标准中的取制样方法取制样，以确保选取样品的质量。

3）质量检验人员应按照采购标准中试验方法标准的各项要求，对采购商品进行检验。

4）质量检验人员应将检验结果与采购标准中技术指标进行比较，做出合格与否的判定，并根据检验结果签发合格证明。

5）加强不合格品的控制。发现不合格品应及时记录，并采取标记、隔离、评审、预防等措施。

3. 努力做好采购商品质量管理的基础工作

（1）做好基础工作

为保证采购商品质量，企业应做好采购商品质量管理的基础工作，制定采购商品的重要性分级。

企业在考虑采购质量控制方案时，首先要对采购商品进行重要性分级。商品质量重要性分级由产品的规格、性能和结构以及影响产品的适用性所决定，是设计部门传递给工艺部门、制造部门和检验部门等的技术要求和信息。分级的基本原则是采购商品对产品品质的影响程度，同时还应考虑对流动资金的占有量等因素。

1）关键类（A类）产品。关键类（A类）产品是指对产品质量有直接影响，对产品性能起决定作用。

2）重要类（B类）产品。重要类（B类）产品是指对产品质量有间接影响，对产品性能有一定影响。

3）一般类（C类）产品。一般类（C类）产品是指除以上两类以外的采购产品。

企业应根据采购商品的重要程度，制定分级管理办法，对供应商采取不同程度的控制。

（2）做好信息处理工作

采购商品质量信息是进行采购质量决策的依据，是改进采购商品质量、改善采购各环节工作质量的最直接的原始数据，也是进行质量控制的基本依据。做好信息处理工作即是做好采购商品质量信息的收集、加工、存储和传递工作。

1）质量信息的收集。质量信息的收集是质量信息工作的重要环节。质量信息收集的内容具体包括质量方针、政策，质量法律、法规，质量标准、图样、技术规范，合同中的质量条款、检验规程、检验记录、产品合格证、化验单、试验报告、检验和试验设备的控制与标准程序，使用中发现产品质量问题的记录等。

2）质量信息的加工与存储。为使收集的信息能被充分利用，充分发挥质量信息的作用，还必须对质量信息进行加工处理。经加工处理后的质量信息应存储备用，这就需要建立一个高效、灵敏的质量信息管理系统，以保证随时都可以查询到所需的质量信息。

3）质量信息的传递。为了将质量信息及时提供给有关部门和人员，就必须进行信息传递工作。信息传递有多种形式，为快捷、方便地获得质量信息，可通过计算机信息网络进行信息传输。

（3）提高采购人员的素质

采购商品的质量与采购人员的素质有一定的关系。采购工作是一项技术性和业务性都比较强的工作，要求采购人员不但要有高度的事业心和责任感、遵纪守法、坚持原则、秉公办事，而且要熟悉采购业务，掌握一定的商品学、材料学方面的知识，具有一定的“识货”技能。对采购员的岗位应作为关键岗位来对待，对采购员要有明确、严格的要求。如政治思想表现、职业道德、业务能力、技术水平、文化程度、工作年限、社交能力等都应达到一定的要求。对采购员应进行岗位培训，经考核合格，方能上岗。对采购员的聘用应引入竞争机制和激励机制，能者上，庸者下。对采购中及时发现质量问题并妥善处理，避免造成重大经济损失的，应予以奖励；对由于不负责或内外勾结采购假冒伪劣商品者应给予惩罚并解聘。

采购到符合质量要求的商品是实现采购工作的重要组成条件之一，是采购业务员应该重点掌握的知识。本章对于采购商品质量的介绍能够使得采购人员得到一个完整的认识。

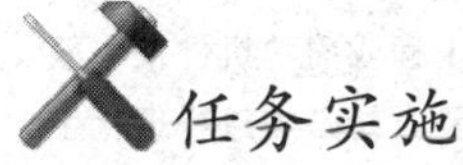

任务实施

本任务的重点在于做好SS贸易有限公司供应货物的验收工作。具体步骤如下：

一、做好验收准备

1. 确定交货与验收时间

一般情况下，采购合同中要写明供应商必须在某月某日前交货，并必须于交货前若干日先将交货清单送交采购人员，以便采购人员准备验收工作。对于交货验收的时间应以采购合同中写明的时限要求为准，通常有以下4种情况。

（1）供应物料的交货日期。

（2）生产过程所需的预备操作时间。

（3）供应商如需要延期交货或变更交货时，采购人员应根据供应商的说明函件并与供应商确认后，确定验收时间。

（4）特殊器材技术验收时所需时间或者采用分期交货的时间。

2. 确定交货验收地点

对于交货验收的地点，一般以合同指定地点为主。若预定交货地点因故不能使用，需转移他处办理验收工作时，采购人员应事先通知供应商。采购人员可根据货物的实际情况、理化性质等，经双方约定，确定最佳的验货地点。一般的验货地点有以下4种情况。

（1）在指定仓库或交货地点验收。

（2）在供应商生产地验收。

（3）在其他约定的验货地点验收。

（4）在采购商使用地点验收。

3. 明确采购验收职责

在国内供应物料的验收工作由买卖双方共同办理，以示公平，如有争执就提交仲裁。在国外采购因涉及国际贸易，所以通常情况下委托公证机构办理。但对于采购验收职责，有3种情况需双方在采购合同中明确说明。

⑴ 委托检验，通常用于国外采购或以特殊规格采购。

（2）由供应商出具产品合格证明书。

（3）自行负责检验，通常用于国内采购。

4. 选择货品检验方法

验收工作做得好坏直接影响到所购物料的品质，从而影响到生产、成本和销售等各环节，所以采购人员应选择正确的方法，减少因人为因素造成的验收过程的疏忽以及错误，以提高验收作业的正确性和可靠性。货品检验方法解析见表4—1—1。

表4—1—1　　货品检验方法解析

检验方法	说 明	具体操作
目视验收	所购物料、货品能以一般度量器具按合同规定的数量予以称量点数的验收方法	使用一般器具对到货物料、货品进行外观、数量等的检验
技术验收	检验物料、货品的理化性能以及使用效能等，需要采用技术鉴定，由专门技术人员以专门仪器做适当的试验来完成，分为现场检验及实验室鉴定两种	对整套机械设备、建筑工程或简单机件及一般的物料，最好采用现场检验。如必须进行理化生物试验或装配试用等，就应抽样进行检验
试验验收	对特殊规格的物料、货品必须做技术上的试验（包括物理试验、化学分析、专家复验），即试验验收	社会上的试验场所； 供应商或采购企业实验室内；专家复验
抽样检验法	抽取一定数量货品作为样本进行检验的方法；抽样数量常以经济与判断为基础，若根据数学公式的“量表”进行检验则更为准确	货品数量庞大无法一一试验，或物料一经拆封、露光、与空气接触、试用后就不能复原者，都应采取抽样检验的方式进行

二、组织货物验收

采购人员根据约定的时间、地点，组织相关人员进行货物验收工作。货物验收主要从以下3个方面进行。

1. 点收数量

采购人员一般用直接检验的方法检验实际交货数量是否与运送凭单或订单所记载数量相符，但要注意的是，在检验时为确保准确无误，要将数量进行两次确认。另外，如果货品数量太多，采购人员可采用抽查方式进行数量清点。特别要注意有固定包装者是否数量一致。

2. 检验品质

在检验品质时，采购人员要做到认真、仔细。尤其是对高级品，尽量做全面性检查，而对购入数量大或是单价低的货品，则采取抽样检查，并填写抽样检验表。

3. 检验交货手续

一般在交货时由供应商列具交货清单。清单上要注明交付物料的名称、数量、商标编号、毛重量、净重量以及运输工具的牌照号码、班次、日期及其他尚需注明的事宜，同时注明采购合同的统一号码、分区号码、合同签订日期及通知交货日期等。清单要一式若干份，在交货当天或交货前若干天送达采购企业。同时，采购人员应对照供货清单核对交来货品的种类及数量等，并鉴定一切由于运输及搬运而引起的损害，核对结果编写报告，详细加注于清单上。

三、验收结果处理与记录

1. 验收结果处理

（1）标记

对于通过验收的货品，采购人员应及时加以标记，以便于与未验收的同类物品相区别，更便于查明验收经过及时间。同时，采购人员还要配合仓储部门及时办理货品入库，以便使用部门安排生产进度。

（2）拒收

对于不符合规定的物料、货品，应一律拒收。如合同规定准许换货重新交货的，等交妥合格品后再予以发还。通常供应商对不合格的物品都延迟处置，仓储人员应配合采购人员催促供应商前来收回，逾期未来收回的，则不再负保管责任或自行抛弃。

（3）处理短损

根据验收结果，如有短损情况发生，应立即向供应商或向运输单位索赔，或办理内部报损手续等。

2. 填写验收报告

到货验收完毕后，采购人员应及时给供应商出具验收证明书。如因交货不符而拒收，也必须写明详细原因，以便洽谈办理其他手续。

技能训练

制定货物验收标准

背景资料

×××学院拟为各教学单位教师改善办公条件，初步计划为每位坐班教师配备一台计算机，为每个办公室配备一台公用计算机，为坐班教师办公室配备打印机、传真机、复印机各一台，为其他办公室各配备打印机一台，其余办公设备，按需购买。

采购合同签署之后，供应商供货在即，请制定采购商品的验收标准。

一、训练目标

熟悉常见货物验收标准，了解采购商品的检验方式以及验收工作程序，能够独立设计出采购商品的验收标准，通过技能训练提高制定商品验收规则的能力。

二、训练准备

1. 以6～8人为一组，选出组长一名。

2. 查阅下列资料：

（1）《中华人民共和国进出口商品检验法》相关内容规定。

（2）《中华人民共和国进出口商品检验法实施条例》相关内容规定。

（3）商品检验的方法规定。

（4）ISO系列产品的质量说明书。

3. 按前期采购合同签署的供货明细来制定。

三、训练步骤

1. 根据查阅的资料，列出我国商品验收中的相关规定。

2. 根据查阅的资料，找到针对采购合同中出现的商品的规定，列出检验规则。

3. 根据采购合同中商品的特点，制定出可行的验收标准。

四、注意事项

1. 资料的查阅范围要广泛，内容要全面，在调查收集资料时要做到认真细致。

2. 制定验收标准时要结合实际情况。

五、评分标准

1. 查阅的资料范围广泛性（20 分）。

2. 验收的标准是否全面（40 分）。

3. 验收方法是否合理（20 分）。

4. 验收程序是否可行（20 分）。

任务 2　评估采购绩效

学习目标

1. 理解采购绩效评估的目的及指标；

2. 具有采购绩效管理的能力。

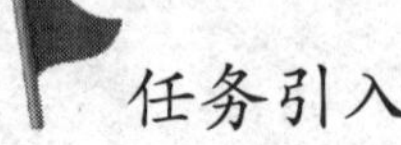

任务引入

经验收，SS 贸易有限公司供货全部合格，现已入库，现在需编制采购评价及控制表。

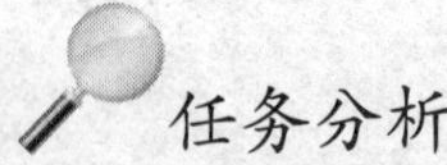

任务分析

采购绩效主要是用来衡量采购部门的目标达成情况以及采购部门的工作表现。商品采购工作在一系列的作业程序完成之后，是否达到了预期的目标，企业对采购的商品是否满意，是需要经过考核评估后才能下结论的。商品采购绩效评估就是建立一套科学的评估指标体系，用来全面反映和检查采购部门工作实绩、工作效率和效益。

相关知识

一、采购绩效评估的目的

1. 确保采购目标的实现

各企业的采购目标互有不同，例如，政府采购的采购单位偏重“防弊”，采购作业以“如期”“如质”“如量”为目标。而民营企业的采购单位则注重“兴利”，采购工作除了维持正常的产销活动外，非常注重产销成本的降低。因此，各企业可以针对采购单位所应追求的主要目标加以评估，并督促它的实现。

2. 提供改进绩效的依据

绩效评估制度，可以提供客观的标准，来衡量采购目标是否达成，也可以确定采购部门目前的工作表现如何。正确的绩效评估，有助于指出采购作业的缺失所在，据以拟订改善措施，从而收到"检讨过去、策励将来"的效果。

3. 作为个人或部门奖惩的参考

良好的绩效评估方法，能将采购部门的绩效独立于其他部门而凸显出来，并反映采购人员的个人表现，作为各种人事考核的参考资料。依据客观的绩效评估，达成公正的奖惩，能鼓舞采购人员择善固执，而使整个部门发挥合作效能。

4. 协助人员甄选与训练

根据绩效评估的结果，可针对现有采购人员工作能力的缺陷，拟订改进的计划，例如安排参加专业性的教育训练；若发现整个部门缺乏某种特殊人才，则可另行由公司内部甄选或向外界招募，如成本分析员或机械制图人员等。

5. 促进部门关系

采购部门的绩效，受其他部门能否配合的影响很大。故采购部门的职责是否明确，表单、流程是否简单、合理，付款条件及交货方式是否符合公司的管理制度，各部门的目标是否一致等，均可通过绩效评估而予以判定，并可以改善部门间的合作关系，增进企业整体的运作效率。

6. 提高人员的士气

有效且公平的绩效评估制度，能使采购人员的努力成果获得适当回馈与认定。采购人员通过绩效评估，将与业务人员和财务人员一样，对公司的利润贡献具有客观的衡量尺度，成为受到肯定的工作伙伴，对其士气的提升大有帮助。

二、采购绩效评估小组的组成

对评估人员的选择与评估的目标有着密切的联系，要选择最了解此项工作情况的人员、与评估目标实现联系最密切的部门参与评估。一般选择以下几类部门和人员参与评估。

1. 采购部门主管

采购部门主管是对所管辖的采购人员实施绩效评估的第一人，因为采购主管最熟悉采购人员的工作任务，而且所有采购工作任务的指派或工作绩效的优劣，都在他们的直接监督之下，所以，由采购主管负责评估，可以更全面、公正、客观地评价每个采购人员的工作绩效。但是，也要注意到这样一个问题，就是采购部门主管进行评估可能会包含一些个人感情因素，会使评估结果出现偏差，影响评估的客观性。

2. 财务部门

采购过程伴随着资金的流动，而且，一个企业的采购金额占企业支出的比例非常高。在传统制造业中，采购成本一般占产品总成本的50%～70%。采购成本的节约，对于企业利润的贡献相当大。财务部门掌握着企业产销成本的全部数据，掌控着资金的流入流出，因此能够从采购成本的节约对企业利润的贡献以及资金周转方面对采购部门的工作绩效进行评价。

3. 销售部门

当采购项目的品质和数量对企业最终产成品质量和销售影响重大时，应该由销售部门参与采购绩效的评估。

4. 生产主管部门或工程部门

对于设备采购、原材料和零配件采购及项目采购等，采购货物的质量、数量和时间对企业生产的顺利进行、最终产品的品质都有影响，因而生产主管部门或工程部门也能够从采购是否能保证生产和项目建设的顺利进行方面对采购部门的工作绩效进行评估。

5. 供应商

供应商是采购过程中与企业采购部门合作最多、最频繁的一方，对于采购部门的运作方式、工作状态自然有较为真实、详细的了解。因而，有的企业通过正式或非正式渠道，向供应商探寻其对于采购部门或人员的意见，以了解采购部门或人员的工作情况，间接地评价采购绩效。

6. 专家顾问

为了使评估结果更为客观、权威、公正，避免企业各部门之间的本位主义或门户之见，可以聘请相关的采购专家或管理顾问，对本企业的采购制度、组织形式、人员及工作绩效等作出客观的分析和建议。

采购绩效评估的对象包括整个采购部门以及单个采购人员。对采购人员的绩效评估可以由采购部门主管来操作，也可以间接地从供应商处了解情况；对于采购部门的绩效评估则可以由企业高层管理者组织相关各部门及外部专家进行评估工作。

三、采购绩效评估标准

在采购绩效评估中，经常要决定采用何种标准与目前实际绩效比较。一般常见的标准有以下几种。

1. 历史绩效标准

选择公司历史绩效标准作为评估目前绩效的基础，是相当可行、有效的办法。但是只有在公司的采购部门，无论是组织、职责还是人员等，均没有重大变动的情况下，才适合使用此项标准。

2. 预算或标准绩效

如果历史绩效难以取得或采购业务变化比较大，可以使用预算或标准绩效作为衡量的基础。标准绩效的设定要符合以下 3 个原则：

（1）固定性。预算或标准绩效一旦设立，就不能再有所变动。

（2）挑战性。标准的实现要具有一定的难度，采购部门和人员必须经过努力才能完成。

（3）可实现性。设立的标准应为在现有内外环境和条件下经过努力，确实可以达到的水平，通常依据当前的绩效加以衡量设定。

3. 行业平均绩效标准

如果其他同行业公司在采购组织、职责以及人员等方面与本企业相似，则可与其绩效进行比较，以辨别彼此在采购工作成就上的优劣。数据资料既可以使用个别公司的相关采购结果，也可以应用整个行业绩效的平均水准。

4. **目标绩效标准**

预算或标准绩效代表在现在的情况下，应该可以达成的工作绩效，而目标绩效则是在现在的情况下，不经过一番特别的努力，则无法完成的较高境界。目标绩效代表公司管理当局对工作人员追求最佳绩效的期望值。

四、采购绩效评估的方式和方法

1. **采购绩效评估的方式**

采购绩效评估的方式可分为定期评价及不定期评价两种。

（1）定期评价

定期评价主要是和公司年度人事考核同步进行的对采购人员工作情况的评估。一般而言，以工作人员的工作表现作为考核内容，包括工作态度、合作精神、工作学习能力、忠诚度和积极性等，但对采购人员的激励及工作绩效的提升，并无太大作用。若能以目标管理的方式，即从各种工作绩效指标当中，选择当年重要性比较高的项目作为目标，年终按实际达成程度加以考核，则必能提升个人或部门的采购绩效。使用这种方法可以摒除"人"的抽象因素，以"事"的具体成就为考核重点，因此，比较客观公正。由于使用这种方法时，人们会特意追求考核目标的提高而忽略其他方面，因此对目标选择的要求比较高，要求目标选择全面。

（2）不定期评价

不定期评价是跟踪特定的采购项目，由项目执行人自己根据具体情况的变化而随时进行的评估。一项采购任务完成以后，采购人员本身就要对该项采购任务的完成情况有一个总结和评估。同时，不定期的绩效评估以特定的项目方式进行，例如，公司要求某项产品的采购成本降低8%，当设定的期限一到，即评估实际的成果是高于还是低于8%，并以此为依据给予采购人员适当的奖惩。这种评估方式，特别适用于新产品开发计划、资本支出预算和成本降低专项方案等。

2. **采购绩效评估的方法**

采购绩效评估方法直接影响评估计划的成效和评估结果的正确与否。常用的评估方法有：

（1）直接排序法

在直接排序法中，主管按绩效表现从好到坏的顺序一次给员工排序，这种绩效表现既可以是整体绩效，也可以是某项特定工作的绩效。

（2）两两比较法

两两比较法指在某一绩效标准的基础之上把每一个员工都与其他员工相比较来判断谁"更好"，记录每一个员工和任何其他员工比较时被认为"更好的次数"，根据次数的高低给员工排序。

（3）等级分配法

等级分配法能够克服上述两种方法的弊端。这种方法由评估小组或主管先拟定有关的评估项目，按评估项目对员工的绩效作出粗略的排序。

五、采购绩效评估的策略

1. 制度化

制度化是采购绩效评估持续、规范、有效进行的重要保证。只有将采购绩效评估的目的、原则、组织、方式、方法、步骤、内容、时机及指标体系等以规章制度的形式进行明确的规定，评价活动才有可靠的依据，才能实现评价的规范性，也才能在持续的评价中通过激励、监督等手段，有效地促进采购机构提高采购绩效，实现采购的整体目标。

2. 专业化

采购绩效评估是一项专业性很强的工作，要求必须有具备专业知识的评价人员、专业的评价队伍和专业的评价组织。只有建立了明确、规范、科学的专业化评价组织，培养起既懂采购又掌握绩效评估原理的专业化评价人员，形成结构合理、组合科学、专业全面的专业化评价队伍，采购绩效评估才能规范、有序、顺畅、高效地进行，绩效评估活动才能具有权威性和严肃性，采购绩效评估的作用才能真正发挥出来。

3. 公开化

采购绩效评估的目的之一，就是通过比较评估，达到激励先进，督促后进，共同促进采购事业的发展。只有实行了公开化，才能有效地保证评价结论的公正合理，也才能使参与采购的有关各方透明地知道评价结果，从而使采购部门产生向上的压力和动力，通过有效的激励更好地达到绩效评估的目的。

六、采购绩效评估指标

1. 评估指标设定的内容和前提

采购绩效评估中非常重要的一点是正确设定采购绩效评估指标。

（1）采购绩效评估指标设定的内容

采购绩效评估指标的设定是采购绩效评估的重要内容。对于一个有效的采购绩效评估方案，绩效指标的确定是一个重要的环节。采购绩效指标设定包括 3 个方面的内容：一是要选择合适的指标；二是绩效指标的目标值要充分考虑；三是确定绩效指标要符合有关的原则。

（2）采购绩效评估指标设定的前提

在确定采购绩效评估指标目标值时要考虑以下前提：

1）内部顾客的要求，即满足生产部门、品质管理等的需要。原则上，供货商的平均质量、交货等综合表现应该高于本公司内部质量与生产计划要求，只有这样供货商才不至于影响本公司的内部生产与质量。

2）所选择的目标及绩效指标要同公司的大目标一致。

3）具体设定目标时既要实事求是、客观可行，又要具有挑战性。

因此，采购绩效评估指标的确定是一项具有挑战性的工作。它是评估采购工作成果的尺度和标准，是准确、客观、全面、科学地进行采购绩效评估的前提和基础。而一项评价指标往往只能从某个侧面反映采购绩效的某个特征。因此，要想全面、综合、准确地考察和评估采购部门在一定时期内的采购工作绩效，就必须把一系列相互联系、互为因果的指标进行系统地组合，形成相应的评估指标体系。

2. 评估指标的设定

采购人员在其工作职责上，必须达成适时、适量、适质、适价及适地等基本任务，因此，其绩效评估应以此“五适”为中心，并以数量化的指标作为衡量绩效的尺度。

（1）品质绩效

采购的品质绩效可由验收记录及生产记录来判断。前者系指供应商交货时，为公司所接受（或拒收）的采购项目数量或百分比；后者则是指交货后，在生产过程中发现品质不合格的项目数量或百分比。它们的验收指标的计算公式分别是：

$$进料验收指标=\frac{合格（或拒收）数量}{检验数量}$$

$$在制品验收指标=\frac{可用（或拒用）数量}{使用数量}$$

若进料品质管制采用抽样检验的方式，则在制品品质管制发现品质不良的比率，将比进料品质管制采用全数检验的方式高。拒收或拒用比率越高，显示采购人员的品质绩效越差，因为未能找到理想的供应商。

（2）数量绩效

当采购人员为争取数量折扣，以达到降低价格的目的时，可能导致存货过多，甚至发生呆料、废料的情况。

1）费用指标。此指标是指现有存货占用资金利息及保管费用与正常存货水准资金利息及保管利息费用的差额。

2）呆料、废料处理损失指标。此指标是指处理呆料、废料的收入与其取得成本的差额。

存货积压占用资金利息及保管费用越大，呆料、废料处理的损失越高，显示采购人员的数量绩效越差。不过此项数量绩效，有时受到公司营业状况、物料管理绩效、生产技术变更或投机采购的影响，故并不一定要完全归咎于采购人员。

（3）时间绩效

这项指标是用以衡量采购人员处理订单的效率，及对于供应商交货时间的控制。延迟交货，固然可能形成缺货现象，但是提早交货，也可能导致买方负担不必要的存货成本或提前付款的利息费用。

1）紧急采购费用指标。此指标是指紧急运输方式（如空运）的费用与正常运输方式的差额。

2）停工断料损失指标。此指标是指停工期间的所有损失，包括作业人员薪资损失。

事实上，除了上述指标所显示的直接费用或损失外，尚有许多间接的损失。例如经常停工断料、造成顾客订单流失、作业员离职，以及恢复正常作业的机器必须做的各项调整（包括温度、压力等）。紧急采购会使得购入的价格偏高、品质欠佳，连带也会产生赶工时间必须支付额外的加班费用。这些费用与损失，通常都未加以估算在此项绩效指标内。必要的话，也可以将这些间接的费用和损失量化为一定的指标，使绩效衡量更加全面、准确。

（4）价格绩效

价格绩效是企业最重视及最常见的衡量标准。通过价格指标，可以衡量采购人员议价的能力以及供需双方实力的消长情形。

价格绩效指标包括参考性指标和控制性指标两种。参考性指标主要有年采购额、各采购人员年采购额、供应商年平均采购额、各采购物品年度采购基价和几年平均采购基价等。这些指标一般是作为计算采购相关指标的基础，也是表示采购规模、了解采购人员及供应商负荷的参考依据，是进行采购过程控制的依据和出发点。控制性指标是反映采购改进过程及其成果的指标，包括平均付款周期、采购降价和本地化采购率等。下面介绍几个主要的价格绩效指标：

1）年采购额。年采购额包括生产性物料与零部件采购总额、非生产性采购总额（设备、备件、生产辅料、软件和服务等）、物料采购总额占产品总成本的比例等。也可以按采购付款的币种将其分为人民币采购额及其比例、不同外币采购额及其比例。此外，采购额指标还可以分解到各采购员及供应商，计算出每个采购人员的年采购额、各供应商年采购额和供应商年平均采购额等。

2）采购价格。采购价格包括各种物料的年度基价、所有物料的年平均采购基价、各物料的目标价格、所有物料的年平均目标价格、各物料的降价幅度及平均降价幅度、降价总金额、各供应商的降价幅度、实际价格与标准价格的差额、实际价格与过去平均价格的差额、使用时的价格与采购的价格差额、本地化采购率、与伙伴工厂联合采购额及比例、联合采购的降价幅度等。

3）付款方式。付款方式包括平均付款周期和目标付款期等。

（5）采购效率（活动）指标

下列各项指标可衡量在达成采购目标的过程中，各项活动的水准或效率，具体包括采购金额、采购金额占销货收入的百分比、订购单的件数、采购人员的人数、采购部门的费用、新供应商开发个数、采购完成率、错误采购次数和订单处理的时间。

其中，新供应商开发个数指标的意义在于为使供应来源充裕，对单一来源的物料，通常要求采购人员必须在期限内扩增供应商家数。此一绩效指标，也可以用单一来源物料占所有某类物料的比率来衡量。

采购完成率指标为衡量采购人员努力的程度，其计算公式为：

$$\text{完成率指标}=\frac{\text{本月累计完成件数}}{\text{本月累计请购件数}}$$

完成件数有两种计算标准，第一种标准是采购人员签发订购单即计算，另一种标准则必须等供应商交货验收完成才计算。不过，采购人员若为提高完成率，使议价流于形式，则将得不偿失。因此，在不会导致停工断料的情况下，完成率稍低也没有关系。

错误采购次数系指未依有关的请购或采购作业程序处理的采购业务。如错误的请购单、没有预算的资本支出请购单、未经请购单位主管核准的采购业务和未经采购单位主管核准的订购单等。此类错误次数，应要求降至零。

订单处理时间指标是指企业采购人员处理采购订单的过程所需要的平均时间，它是用来衡量采购人员的工作效率的指标。

通过采购效率（活动）指标，可以衡量出采购活动水准上升还是下降，由此不难了解采购人员工作的压力与能力，这对于改善或调整采购部门的组织与人员，将有很大的参考价值。

【资料卡】

亚星公司采购绩效考核案例

最近几年来，亚星公司以年度经营为主线，将目标层层分解落实，辐射到企业的方方面面，做到人人肩上有指标，千斤重担有人挑，保证了企业整体经营目标的实现，并保持了企业较强的增长势头。

对主要原材料及辅料价格，亚星公司采用通过分析成本倒推的价格和上年实际采购平均价格以及上年最后一个月的平均价格而定。例如，某种物资年平均采购价格为每吨 248 万元，当年年末平均价格为 238 万元，而生产该种产品的成本倒推最高限价不能突破 250 万元，经分析为确保该种产品的销售目标，确定最高采购价为 230 万元。

对供应部门的承包，亚星公司采取年度承包、分月考核、年终统算的方式，规定完成年度承包目标，负责人年收入为公司职工收入的 2～5 倍，部门人员的奖金收入为一线生产人员的 2 倍。年度考核的主要指标是对主要原材料及辅料按每月规定的最高控制价格，以节约额比例提奖，以采购质量作为否决项。公司供应处某年采购成本下降了 9.5%，大大超过了下降 2%的承包目标，但由于在采购质量上出现过三次不合格，而被否决了 40%的奖金。对于在备品备件采购和设备招标方面，为公司节约资金，取得明显经济效益的，实行单项奖励，但必须是在经审计确认之后。对承包修理费用目标，按节约额的 4%给予提取。对于市场价格信息及时了解并向公司建议后带来明显经济效益的给予单项奖励。对采购环节的验收、检验、入库等，各部门按各自在“购销比价”体系中的职责考核，对非法私自收受回扣损公肥私的、高价采购物品的、泄露采购物品控制价格机密的，给予通报批评、调离岗位、罚款、记过、除名等处分。

1. 责任目标

（1）采购费用比上年下降 2%，采购价格控制在公司下达的最高限价之内。

（2）无采购原因影响生产事故发生。

（3）部门全年费用 7 万元（办公费、通信费、差旅费）。

2. 年度考核

对责任目标实行全年统一考核。采购费用下降 2%，负责人年总收入以公司职工平均收入的 2～5 倍计算。因管理不善，造成在采购质量、价格、供货时间等方面出现重大问题的，除否决奖励外，随时解聘职务。

3. 月度考核

（1）采购平均价格低于公司定价部分，按节约额的 3%比例提取，高出部分同步扣罚。

（2）原材料及辅料的采购质量不合格，每次每项扣除奖金总额的 5%，严重的可否决全部奖金。

（3）采购物品路耗超出定额部分，承担全部损失。

（4）费用定额每月 0.58 万元，节约部分按 20%的比例提取，超出部分全额扣除。

4. 工作要求

(1) 按计划采购，满足生产需要，确保采购质量。

(2) 必须用比价管理办法进行原材料及辅料采购。

(3) 按ISO9002质量体系要求，在合格分承包方处采购物品，开辟新供应点要按合格分承包方程序进行。

七、采购绩效的改进

具有丰富经营知识和经营经验的专家，深入经营现场和采购人员密切配合，运用科学方法，根据一定指标体系，对采购绩效作出定量评价或确有论据的定性分析，以便企业对采购活动进行改进。但是，提升企业的采购绩效是一项复杂的工作，在理论和实践中都没有一套完全成熟的体系和方法。这里简单介绍几个改善采购绩效的措施。

1. 营造绩效改进的工作氛围

如果采购组织内部存在严重的矛盾，采购人员与供应商之间互相不信任，缺乏合作诚意，采购人员的首先感觉是“如履薄冰，处处小心行事”，本来全部精力应放在“刀刃”上，但事实上确实分散了注意力。

因此，任何采购组织，包括供应商，融洽、和谐、流畅的工作气氛是搞好各项工作的基础。采购组织的管理职能部门，应定期将采购人员的业绩、供应商的业绩进行测量，并进行排名，再配以相应的奖惩制度，使采购业务不断改善。

2. 使用标杆管理方法

标杆管理又叫基准化管理，它的核心是比较和以提高为目的的学习，通过以外部绩效高的公司为标准，比较和分析这些标准及其实践经验来改善自己的工作过程，使自己慢慢接近甚至超过标准。将标杆管理作为进行采购工作绩效改进的工具，通过资料收集、分析比较、跟踪学习和机制改造等一系列过程，将企业的实际情况与基准化企业的指标进行量化的比较，分析这些基准化企业达到最优绩效的途径和原因，明确本企业在行业中所处的地位，并在此基础上改进自己的采购策略，从而有效地促进采购绩效的提高。标杆法包括5个基本步骤：

(1) 选择采用标杆管理的领域。在采购中，几乎所有能被评估的活动都可以使用标杆法。例如，未完成交货量、退货率、生产中断次数以及未支付价格指数等。

(2) 选择基准点。这个步骤解决的问题是应该以谁为标杆。标杆的对象可以是多种多样的，既可以以企业内部某绩效高的部门为标杆，还可以以竞争对手为标杆，也可以以某个行业的领先者或有着类似成长过程的优秀企业为标杆。有一个显而易见的方法可以确定最佳做法，那就是向供应商打听谁是他们的良好的合作伙伴，一些工业观察家或专业机构也可以提供正确的建议。

(3) 获得信息。大部分有用的信息都可以从公共信息领域获得。管理杂志和贸易出版社也出版了大量有关信息。此外，一些成功的经理或行业协会也很乐意与他人分享信息。如果竞争对手对标杆法感兴趣则更好，信息交流对双方都有好处。

(4) 分析数据。标杆法并不是为了信息本身而关注信息的，因此不仅要收集所需要的信息，还要充分地对信息进行分析比较。通常，统计数据、比率以及其他一些“硬”信息要比看法或奇闻之类的信息更具有价值。同时，通过分析，要了解标杆企业是采用怎样的方法达到这一绩效水平的，包括工作过程的组建、信息系统支持、培训、企业文化和经营模式等方面的内容，从而可以寻找出与本企业的差距，为企业找到改进的方向和方法。

（5）利用信息。一般来说，如果发现有人在某个活动领域中的表现优于自己，就应该着手去赶上或超过他们，制定出自己的绩效标准，并设计出适当的方法来达到这些标准。当然，这样做也意味着要使用大量的资源，这也就要求高层管理者积极支持标杆法，不能把标杆法仅作为另一种重要的采购管理方法来运用。如果不把标杆法作为企业的一项政策，标杆法就不能发挥它应有的作用。

实施标杆管理方法是一个循序渐进的过程，需要付出长期的努力，无论是本企业还是标杆企业的发展信息都是动态的，因而不能忽视一项重要的后续工作，即检查和审视改造的过程，并不断调整标杆管理的目标，使目标切实可行又不乏挑战，这样才能符合本企业提升绩效的实际需求。

3. 控制采购成本

目前的企业都致力于生产质优价廉、适销对路的产品，其中价格是个很重要的原因，如何保持价格的竞争力而不损害企业自身的利益是每个企业都要考虑的问题，而最便捷、最有效的方法就是降低所采购物料的成本。当然，随着竞争的加剧，通过单纯降低采购物料价格的办法所取得的效果已经越来越不明显，因此，许多企业都开始从不同方面找寻降低成本的方法，或者从企业内部着手挖掘，或者搭建有竞争力的供应链，这些方法都力求通过信息快速传递和减少、优化相关环节等方面降低成本。

4. 进行协同采购

进行协同采购需要强调两个部分，即企业内部协同和企业外部协同。

（1）企业内部协同

企业进行高效的采购行为，需要企业内部各部门的协同合作。

采购的内容包括正确的物料、合适的数量、正确的交付（交付的时间和交付的地点）、合适的货源和合适的价格。正确的物料、合适的数量和正确的交付信息的获得需要来自于销售部门、生产部门、设计部门和采购部门的信息。

此外，随着新产品急剧增加，需要采购的新零部件的数量也大大增加。为达到物料数据的一致性协同，各部门需要及时维护相关数据，如物料单数据、供应商数据和采购价格数据等。该项基础工作将保证企业能够长期动态地保持业务流程的稳定性。

（2）企业外部协同

企业外部协同是指企业和供应商在共享库存、需求等方面的信息基础上，企业根据供应链的供应情况实时在线地调整自己的计划和执行交付的过程。同时，供应商根据企业实时的库存、计划等信息实时调整自己的计划，可以在不牺牲服务水平的基础上降低库存。

在整个供应链的供应网络中，有很多不能够精确确定的因素，如采购提前期、供应商的生产能力等情况。如果企业不能够及时了解这些情况，会影响整个供应链的供需关系，导致不能够按时满足客户的需求。实时协同能够使得双方实时沟通，快速地发现和解决问题。

互联网出现前，人们就认识到了协同合作的重要性，但是没有有效的工具帮助企业实时进行信息共享和协同。现在，企业则可以充分利用基于互联网的企业管理软件进行采购协同，其中包括：

1）预测协同。企业把对最终产品的中长期预测和期望的客户以及服务水平传达给相关供应链上的供应商，供应商根据自己的能力将自己所能做的承诺反映给企业，使得企业采购组织能够对自己供应链上的企业有一个非常清晰的了解。

2）库存信息协同。企业将自己部分物料的库存情况和供应商形成共享，使得供应商对其合作方有很好的可视性，提高交货的准确性和速度。

3）采购计划协同。企业将自己近期的采购计划定期下达给供应链上的上游供应商，供应商可以根据该采购计划安排生产计划和备货，提高交货的速度。

4）采购订单的执行协同。企业通过互联网下达采购订单给供应商，供应商将采购订单的执行情况及时转达，使企业对采购订单的执行情况有明确的了解，及时做出调整。

5）产品的设计协同。客户或企业内部研发部门设计个性化的产品同时，将新产品的零部件及时与供应链上的供应商共享，供应商也可以争取在第一时间进行产品开发。

【资料卡】

“3—3—3”推进活动

日产汽车的重新崛起，离不开有力的成本削减。跨部门跨企业采购组织的应用被认为对于日产汽车大幅度降低成本具有重要贡献。在实施“日产复兴计划”的3年间，采购、研发和零部件厂商三位一体，开展“3—3—3推进活动”，在亚洲、美国和欧洲三大地区的生产基地大力开展降成本活动，目标是降低成本6 000亿日元。为全面协调该项活动，还专门成立了负责该项活动的“3—3—3推进室”。“3—3—3推进室”的职责是从技术、采购等公司内部相关部门和零部件厂商处收集信息。研究降低综合采购成本的方案人员由280名来自全公司的技术和管理人员组成，包括产品设计、试制、生产工艺和采购等各类专业人员，办公地点设在位于神奈川县厚木市的日产技术中心内，并按电子、内饰等系统分为6大商品群。技术人员与采购人员的办公桌并排在一起，这种现象不但在全球汽车厂商中十分罕见，而且还改变了日产技术中心多年来的闭门造车、轻视成本控制的新车研发作风。

任务实施

本任务的重点是评估采购绩效，而评估采购绩效，首先要编制采购评价及控制表，按步骤编制表格如下：

(1) 确立明确详细的量化指标和权重

确定明确详细的量化指标和相应的权重，这是编写采购评价表和采购控制表的关键。这就要求确定的量化指标要全面，具有代表性，能够充分反映采购评价和控制的实际情况，确定的权重也要准确、合理，只有这样才能起到评价和控制的作用。

(2) 选择适合企业特点的表格形式

采购评价表和采购控制表虽然具有一定的基本形式，但各个企业也可以根据自己的实际情况，适当调整某些量化指标要素或权重比例，甚至更换企业实际的表格形式，以便于本企业采购工作的评价和控制。

（3）根据企业的实际情况编制表格

根据苏州 OYM 自行车（太仓）有限公司采购商品的实际情况，编制采购评价表见表 4—2—1，采购控制表见表 4—2—2。

表 4—2—1　　OYM 采购评价表

姓名：　　　　　　　　年　　月　　日　　　　　　表号：

<table>
<tr><td rowspan="2">任务号</td><td colspan="4">品名：　规格：　数量：　使用单位：</td></tr>
<tr><td colspan="4">特别说明：</td></tr>
<tr><td rowspan="2">实际供应商</td><td>计划单位</td><td colspan="3"></td></tr>
<tr><td>变更理由</td><td colspan="3">质量符合要求、价格更低
老关系
运费低
其他</td></tr>
<tr><td>实际价格</td><td></td><td>比计划价格</td><td>增加：　元
减少：　元</td><td>市场最低价格</td></tr>
<tr><td rowspan="2">进货方式</td><td rowspan="2">火车
汽车
自提</td><td>实际进货天数：　天</td><td colspan="2">实际进货费用：　元</td></tr>
<tr><td>比计划提前/推迟：　天</td><td colspan="2">比计划增加/减少：　元</td></tr>
<tr><td colspan="2">实际订货费用：　元</td><td rowspan="2">其中
差旅费：
通信费：
手续费：
其他：</td><td colspan="2" rowspan="2">订货天数：　天
比计划多/少：　天</td></tr>
<tr><td colspan="2">比计划费用增加/减少：　元</td></tr>
</table>

表 4—2—2　　OYM 采购控制表

<table>
<tr><td>订货单号</td><td>料号</td><td>品名</td><td>厂商</td><td>项目</td><td>计划入库</td><td>实际入库</td><td>备注</td></tr>
<tr><td rowspan="3"></td><td rowspan="3"></td><td rowspan="3"></td><td rowspan="3"></td><td>日期</td><td></td><td></td><td></td></tr>
<tr><td>数量</td><td></td><td></td><td></td></tr>
<tr><td>累计</td><td></td><td></td><td></td></tr>
</table>

主管：　　　　　　　　　　　　　　　　　　　　　　　　　制表：

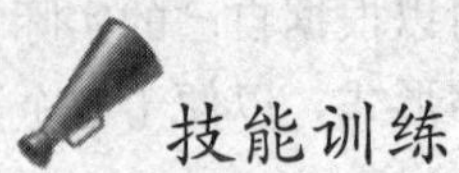

技能训练

采购绩效评价

背景资料

×××学院拟为各教学单位教师改善办公条件，初步计划为每位坐班教师配备一台计算机，为每个办公室配备一台公用计算机，为坐班教师办公室配备打印机、传真机、复印机各一台，为其他办公室各配备打印机一台，其余办公设备，按需购买。

随着最后一台计算机的验收入库，宣告此次采购活动的结束，但采购管理还未结束。请对此次采购活动进行采购绩效评价。

一、训练目的

掌握采购绩效评价的步骤和方法，以及绩效评价的标准和指标体系。

二、训练准备

熟悉采购绩效评价的工作流程。

三、训练步骤

1. 以6～8人为一组，选出组长一名。
2. 对学院有关采购部门进行调查，了解采购绩效方面的相关资料。
3. 以小组为单位组织讨论、分析。

分析的内容包括：

（1）分析与采购相关人员以及物料采购绩效方面的内容，了解学院采购部门如何进行采购绩效的评价。

（2）对所收集的采购绩效评价方面的资料进行分析、讨论，并能依据各种指标对此次采购活动的绩效情况进行恰当的评价，最后观察能否进一步改进采购。

4. 在各小组充分讨论的基础上，形成小组的课题报告。

四、注意事项

注意在调查过程中，尽量与被调查采购部门的需要不冲突，教师可予以指导、调控。

五、评分标准

1. 此次采购活动的绩效评价（60分）。
2. 进一步改进采购的方法（40分）。

思考与练习

一、选择题

1. 商品质量控制的阶段有（　　）。

A. 设计控制　　B. 制造控制　　C. 物流控制　　D. 销售控制

2. 商品检验的方法有（　　）。

A. 感官检验法　　B. 物理检验法　　C. 化学检验法　　D. 生物检验法

3. 感官检验的方法有（　　）。

A. 视觉检验　　B. 味觉检验　　C. 触觉检验　　D. 光学检验

4. 质量管理的三统一分制度有（　　）。

A. 统一审核　　B. 统一付款　　C. 统一验收　　D. 分开控制

二、判断题

1. 采购商品的经济性是反映产品合理的寿命周期费用。（　　）

2. 质量认证的对象是特定的货物（产品、商品）标准以及补充的技术要求。（　　）

3. 利用消费者的信息进行产品的重新设计和质量完善是客户服务质量的工作内容。（　　）

4. 试验方法是对出厂检验、验收检验以及监督检验所做的有关技术规定。（　　）

5. 检验规则是为考核与判定货物质量是否符合标准要求，面对试验方法、程序手段以及试验结果分析处理等所做的具体规定。（　　）

三、简答题

1. 简述全面质量管理的核心内涵。

2. 采购质量管理对于企业的作用主要体现在哪几个方面？

3. 为了实现采购质量管理的目标，采购部门的工作内容主要包括哪几个方面？

4. 采购绩效评估指标的设定包括哪几个方面？

5. 提高采购绩效的途径有哪些？

模块五

招标采购

学习目标

1. 掌握招标采购的特点、基本方式和基本程序；
2. 具有根据采购对象的特点进行招标采购组织的能力；
3. 具有编制招标文件的能力。

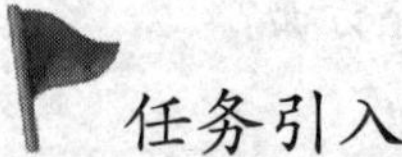

任务引入

采购部接到任务后，为了加快公司信息化的发展，决定采购一批价值高达 600 万元人民币的 IT 设备，包括服务器系统（服务器、配套操作系统及双机集群软件）、网络系统（交换机）、附属配套设备（计算机和激光打印机等）以及相关软件。

本任务要求撰写招标邀请书，并完成后续模拟演练。

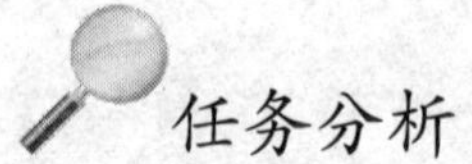

任务分析

大宗商品采购通常不采用一般的交易程序，而是按照预先规定的条件，发出公告或邀请书，对外公开邀请符合条件的供应商报价投标，最后由招标人从中选出价格和条件优惠的投标者，与之签订合同。要完成上述任务，应了解招标采购的基本方式和基本程序，了解相关标书文档的撰写和制作。

相关知识

一、招标采购概述

招标是一种特殊的交易方式和订立合同的特殊程序。在国际贸易中，目前有许多领域采用这种方式，并已逐步形成了国际惯例。从发展趋势看，招标与投标的领域还将继续拓宽，规范化程度也将进一步提高。

招标采购作为现代社会常用的一种采购形式，对于大额采购非常有效。联合国采购项目中大多是通过招标采购进行的，《中华人民共和国政府采购法》（以下简称《政府采购法》）

将招标采购作为主要的采购方式，许多企业团体也都将招标采购作为杜绝采购腐败的良好方法。

1. 招标采购的概念

招标采购是指采购方根据已确定的采购要求，发出公告或邀请书，邀请潜在的供应商参与竞争，从中选取合适供应商，并与其签订合同的采购过程。

在招标采购中，采购方的行为称招标，因此，采购方又称招标方；供应商的响应行为称投标，所以，响应的供应商又称投标方。招标与投标是一个过程的两个方面，分别代表了招标采购的采购方和供应方的交易行为。

2. 招标采购的特点

招标采购与普通采购方式不同，招标采购不需要通过讨价还价来实现，暗箱操作、情感交易的现象基本可以避免，用“公开、公平、公正”形容它是很贴切的。

（1）编制招标、投标文件

在招标、投标活动中，招标人必须根据招标项目的特点和需要编制招标文件，投标人据此编制投标文件参加投标，招标人组织评标委员会评标和确定中标人。因此，是否编制招标、投标文件，是区别招标与其他采购方式的最主要特征之一。

（2）招标程序规范、公开

在招标、投标活动中，从招标、投标、评标到签订合同，每个环节都有严格的程序、规则，这些程序和规则具有法律约束力，当事人不能随意改变。采购过程的透明性很强，整个采购程序都在公开情况下进行。公开发布投标邀请，公开开标，公布中标结果，投标商资格审查标准和最佳投标商评选标准要事先公布，采购法律也要公开。美国采购学者亨瑞芝将招标程序的公开性比喻为“如在金鱼缸中”（in a goldfish bowl），人人都可洞察一切。

（3）招标过程公平、竞争

招标就是一种引发竞争的采购程序，是竞争的一种具体方式。招标的竞争性充分体现了现代竞争的平等、信誉、正当和合法等基本原则。招标作为一种规范的、有约束的竞争，有一套严格的程序和实施方法。通过招标程序，可以最大限度地吸引和扩大投标人的竞争，从而使招标方有可能以更低的价格采购到所需的物品、服务或技术信息，更充分地获得市场利益，有利于采购经济效益目标的实现。

在招标采购中，所有符合条件的供应商都可以进行投标，并且地位一律平等，不允许对任何投标商进行歧视；评选中标商应按事先公布的标准进行，不可更改；投标是一次性的并且不准同投标人进行谈判。这些措施既保证了招标程序的完整，又可以吸引优秀的供应商来竞争投标。

（4）一次成效

在一般的交易活动中，买卖双方往往要经过多次谈判后才能成交。招标则不同，在投标人递交投标文件后到确定中标人之前，招标人不得与投标人就投标价格等实质性内容进行谈判。也就是说，投标人只能一次报价，不能与招标人讨价还价，并以此报价作为签订合同的基础。

当然，招标采购也有缺点：费时较长；投资较多；有时，通过招标采购甚至可能买到价格高的商品，而且不一定买到性能最好的商品。因此，要根据实际需求理性选择招标采购方式。

3. **招标采购的基本方式**

招标投标方式是采购的基本形式，决定着招标、投标的竞争程度，也是防止不当交易的重要手段。总体来看，目前世界各国及有关国际组织的有关采购法律、规则都规定了公开招标、邀请招标和议标三种招标方式，作为通用的招标采购的基本方式。

（1）公开招标

公开招标又称为竞争性招标，就是以招标公告的方式，邀请不确定的供应商参与投标，从中选取最理想供应商中标，并与其签订合同进行采购。其中，招标公告必须在报刊、电子网络或其他媒体上公开发布。

公开招标，是招标采购的主要形式。采用公开招标，所有合法的投标者都有机会参与竞争，提高了招标的竞争性。但是，如果商品的市场竞争性不足够强，采用公开招标方式不足以吸引供应商；另外，公开招标用时较长，不适合需求比较急促的采购。

按照竞争程度，公开招标可分为国际竞争性招标和国内竞争性招标。

1）国际竞争性招标。国际竞争性招标是指在世界范围内进行招标，国内外合格的投标商均可以投标。这种招标方式要求制作完整的英文招标文件，在国际上通过各种宣传媒介刊登招标公告。

国际竞争性招标的投标竞争激烈，对需求有客观的衡量标准，采购程序客观公正。因此，采购方在质量、价格、服务等方面可以获得更好的采购条件，有利于引进先进的设备、技术和管理经验。

但是，国际竞争性招标的招标文件制作复杂，工作量大；费时较长，一般需要半年到一年时间；而且，国际竞争性招标的采购费用相对较高。因此，企业应根据采购特点，确定是否选择国际竞争性招标。

2）国内竞争性招标。国内竞争性招标是指在国内进行招标可用本国语言编写招标文件，只在国内的媒体上刊登公告，公开出售招标文件公开开标。这种招标方式同样允许外国公司参加投标。

一般来说，国内竞争性招标通常用于合同金额较小（世界银行规定一般 50 万美元以下）、采购品种比较分散、分批交货时间较长、劳动密集型、商品成本较低而运费较高、当地价格明显低于国际市场等采购。

（2）邀请招标

邀请招标也称有限竞争性招标或选择性招标，是指以投标邀请书的方式，邀请特定的供应商参与投标。是竞争性招标的辅助方式。

邀请招标的特点是：不使用公开的招标公告；接受邀请的单位才是合格投标人；被邀请的供应商数量有限，一般为 3～10 个。

这种招标方式与公开招标相比，比较节约招标时间和招标费用；但是，也限制了充分的竞争。一般对于采购招标的较小、潜在的投标人较少、需要在较短时间内完成的采购，采购价格波动较大的商品的采购比较适用于邀请招标。

例如，世界上只有少数几个国家生产鱼粉，供应商数量较少。采购鱼粉时，如果采用国际竞争性招标，将会导致开标后无人投标的结果。若采用国际招标后无人投标，才改为邀请招标，这样就会影响招标的效率。所以，采购鱼粉的招标只能采用国际有限招标。

(3) 议标

议标也称谈判招标或限制性招标，是采购方与供应商通过谈判来确定中标者，并与其签订合同进行采购。议标包括直接邀请议标、比价议标和方案竞赛议标三种方式。

1) 直接邀请议标。直接邀请议标是指采购方直接邀请某一企业进行单独协商，达成协议后签订采购合同的采购形式。这种采购方式，如果与一家协商不成，可以邀请另一家，直到达成协议为止。

2) 比价议标。比价议标是指采购方将采购的有关要求送交选定的几家企业，要求他们在约定的时间提出报价，招标单位经过分析比较，选择报价合理的企业进行协商，从而达成协议、签订合同的采购形式。

比价议标兼有邀请招标和协商的特点，一般适用于规模不大、内容简单的工程和货物采购。

3) 方案竞赛议标。方案竞赛议标是选择工程规划设计任务的常用招标方式。一般做法是由招标人提出规划设计的基本要求和投资控制数额等，投标人提出规划或设计的方案，招标人邀请有关专家组成的评选委员会选出优胜单位并与其签订合同，对未中选的参审单位给予一定补偿。

【资料卡】

议标是在非公开状态下，采取一对一的讨价还价的谈判方式，不便于公众及行政监督管理，容易产生钱权交易，弊端较多。因此，国际上对此方式有许多严格限制。《中华人民共和国招标投标法》(以下简称《招标投标法》)已经取消了“议标”的招标程序。

4. 招标采购的基本程序

招标采购具有规范的程序，不可违规操作。综合说来，招标采购具有五大基本程序，即招标、投标、开标、评标与定标、签订合同。采购方与供应商均应在基本程序的框架内进行工作，不得超出基本程序另搞一套。

二、招标准备

招标采购是一项复杂的工作，需要做好充分的准备工作。

1. 采购立项与计划

由于通过招标采购的项目都是大项目，因此，需要进行采购立项。只有经过立项、落实了采购资金的项目，才能进入实质性采购环节。

立项后的采购项目，应根据采购的需要，编制严密的采购计划，并将采购计划转化为采购预算，以保证按时在资金控制范围内采购到所需要的资源。

2. 成立项目招标委员会

项目招标委员会是招标采购的组织领导机构，一般由主管领导、纪检监察部门、财务、采购部门、使用部门的领导组成，负责招标工作的领导、指导、审查和监督工作，确定招标组织方法、评标条件、评标方法，制定标底，解决项目招标中遇到的各种问题，具体指导招标工作的开展。

对于国际招标，招标委员会应由国家主管部门组织，聘请工程、商务、外汇、法律等各有关方面的专家组成。

项目招标委员会下设招标办公室，招标办公室通常设在企业的采购部，主要根据招标委员会的决定，负责招标工作的具体组织和落实。如果是企业自行招标，招标办公室需负责招标文件的编写、发售，投标函的登记、接收，开标场所的联系、布置，评标委员会的组建，开标、评标原则的确定，并参与评标的全过程以及合同的签署。

3. 确定招标组织方法

招标委员会依据企业的人才结构及采购项目的难易程度，确定是由采购企业自己组织招标活动，还是将招标活动委托给专业的招标机构进行。

采购企业自行招标，要求企业必须拥有相应的专业人员，具有独立编制招标文件和有效组织评标的能力。对自愿招标的项目，招标人自行招标的，不需要备案。依法必须进行招标的项目，招标人自行办理招标事宜的，应向有关行政监督部门备案。备案制度不是一种事先审批的制度。

采购企业不具备自行招标条件的，应委托具有相应资格的招标代理机构代理投标，并向招标办公室提交招标代理委托合同。

（1）招标人的条件

《招标投标法》规定，招标人必须具备下列条件：

1）具有独立的法人资格。

2）采购人员经过相关采购培训。

3）招标项目的资金或资金来源已经落实。

（2）招标代理机构

招标代理机构是独立于政府和企业之外的、为市场主体提供招标服务的专业服务机构，属于中介服务组织。招标代理机构接受采购方委托，代表采购方行使招标权利，并按照国家规定向委托人或中标人收取一定的服务费。

4. 确定招标方式和评价方法

招标委员会依据企业项目需求及市场的特点，从公开招标、邀请招标和议标三种基本招标方式中选取一种合适的招标方式，确定招标的具体阶段，制定评标标准和评标方法。

常用的评标方法有最低评标价法、寿命周期成本法、综合因素法、投票表决法等。

（1）最低评标价法

最低评标价法是指以价格为主要因素确定中标候选供应商的评标方法，即在全部满足招标文件实质性要求前提下，依据统一的价格要素评定最低报价，以提出最低报价的投标人作为中标候选供应商或者中标供应商的评标方法。

最低评标价法需要对一些非关键的技术、商务条款的偏离，按一定的比例折算成投标报价，然后将投标报价和所有偏离所换算出的价格相加而形成评标价，以评标价最低的投标人作为中标人。最低评标价法又称为最低投标报价法，或经评审的最低评标价法。

投标报价由成本加利润组成，成本部分不仅包括设备、材料、产品本身的价格，还包括运输、安装、售后服务等环节的费用。成本有特定的计算口径，利润为合理利润。

最低评标价法适用于标准定制商品及通用服务项目，这些需求的特点是质量容易达到要求，供应容易得到满足。因此，价格就成为评标的主要因素。

【资料卡】

委托招标函

××咨询公司：

我单位现有以下项目需要委托贵公司代理招标，具体内容见表 5—1。

表 5—1　　委托招标函

委托单位名称			
委托单位地址			
委托项目名称			
建设项目地点			
资金来源		委托方代表	
委托招标方式		总投资额（万元）	
招标实施日期	年　月　日	招标完成日期	年　月　日
中标服务费		支付方	
经办人		联系电话	
传真		登记编号	
报审日期			
备注			

本委托函一式两份：一份交委托单位，一份交招标代理机构。

委托单位

（签名、盖章）

日期：　年　月　日

某企业采用最低评标价法的评分办法

某企业在进行招标采购中，依据采购形式及采购对象的特点，采用最低评标价法选择供应商。具体评分办法见表 5—2。

表 5—2　　评标价格要素及分值、权值、评分标准

评标价格要素	价格权值	总分	评分标准
保质期	2%	10	超过招标文件要求半年得 1 分，一年得 3 分，一年半得 6 分，二年得 10 分

续表

评标价格要素	价格权值	总分	评分标准
交货期	1%	5	交货期短于招标文件要求的，每少7（或10）天得1分，最高得5分
售后服务期	2%	10	免费售后服务期限超过招标文件要求一年得1分，两年得3分，三年得6分，四年得10分
备品备件及专用耗材优惠环保	5%	30	备品备件比投标报价明细表每下降一个百分点得1分；单位（工作量）耗材价格由低到高顺序排列，其中第一名得5分，第二、三、四、五名依次各递减1分，第六名以后不得分
对投标产品及投标人的评价	5%	10	产品质量好、服务优、投标人实力强的得10分，每欠缺一项扣4分
自主创新、节能、环保产品	12%	35	自主品牌产品得5分；投标产品列入国家自主创新产品目录得10分；列入节能产品目录得5分，列入环保产品目录得5分，投标产品本身属于回收利用资源加工制作的，得3分；投标产品出自不发达地区或少数民族地区或者属于中小企业生产的，各得2分；投标人或所投产品按规定享受其他国家政策支持、扶持的，由投标人提供相关法律法规依据，每项加2分 按照产品单位能耗指标由低到高顺序排列，第一名得2分，第二名得1分，第三名得0.5分，第四名及以后不得分；按照产品使用过程中产生的环境污染物指标、回收利用难易程度等进行环保综合性能排列，第一名得2分，第二名得1分，第三名得0.5分，第四名及以后不得分。各项目得分可以累加，最高20分

注：除自主创新、节能、环保等政策性加分因素外，评标价格因素的权值不高于20%且单项因素的价格权值不得高于5%。

1）最低评标价法的适用情况。最低评标价法一般适用于下列几种情况：

①标的物技术含量不高且与其他物品关联度不强的招标。

②制造有标准、市场成熟的商品。

③单价较低、数量很大、科技含量偏低的仪器设备。

④采购项目很多，单价较低的设备。

最低评标价法能够充分体现价格竞争的优势，但在一些情况下，从确保采购质量而言，采用最低评标价法要慎之又慎。在制定评标标准时，招标文件在技术参数和商务条款方面，一定要设置一定的门槛，把握一定的尺度，将质量不过关但价格很低的产品拒之门外。

2）采用最低评标价法的优点。最低评标价法具有以下优点：

①可以最大限度节约采购资金。

②减少评标的工作量。从最低价评起，评出符合中标条件的投标时，高于该价格的其他投标便无须再评，因此，节约了评标时间，减轻了评标工作量。

③减少评标工作中的人为因素。由于定标标准单一、清晰，因此，简便易懂、方便监督，能最大限度地减少评标工作中的主观因素。

④有利于引导企业加强内部管理。企业自主报价，合理低价者中标，使企业靠自己的真正本领在市场上竞争，自我经营、自我发展，这是市场经济的内在要求。

招标投标和竞争定价给企业带来的外部压力，能促使企业革新改造，注重技术进步，提高管理水平，降低个别成本，以适应市场经济优胜劣汰的竞争规则。

想一想

最低评标价与最低报价是什么关系？如果投标人的报价低于成本怎么办？

（2）寿命周期成本法

寿命周期成本法是指通过计算采购项目有效使用期间的基本成本来确定最优标的一种评标方法。具体方法是在标书报价上加上一定年限内运行的各种费用，再减去运行一定年限后的残值，寿命周期成本最低的投标为最优标。

采购厂房、生产线、设备、车辆等在运行期内的各项后续费用（如零配件、油料、燃料、维修等）很高的资源时，采用寿命周期成本法比较合适。

想一想

该买什么空调

××酒店旧大楼改造，准备采购一批空调。数量为：1.5 匹分体式空调 86 台，3 匹的柜式空调 10 台。在买新式变频空调还是老式定速空调方面，采购部争执不下。有人说，变频空调价格太高，以 1.5 匹分体式空调为例，变频空调比定速空调每台要高 400 元；也有人说，变频空调比定速空调好，特别是在节能方面效果突出。但是，具体哪种空调更加合适，谁也说服不了对方。

后来，采购员小张查到一个资料：“业内专家计算发现，按照目前我国居民使用空调的平均时间计算，使用节能 30%的变频空调，每台变频空调较之同匹次的定速空调每年至少节约 250 元‘耗电’费用。全国范围来计算，节省的能耗费用就将数以千亿元计。发达国家极其重视变频技术在节能方面的应用，欧美等发达国家普及率在 60%以上，在日本，变频空调比例更是高达 99%。”

按照空调使用寿命为 8 年核算，该酒店买新式变频空调与买老式定速空调相比，哪种更加合算？请用数据说明。

（3）综合因素法

综合因素法是指在最大限度地满足招标文件实质性要求前提下，按照招标文件中规定的各项因素进行综合评审后，以评标总得分最高的投标人作为中标候选供应商或者中标供应商的评标方法。综合因素法又称综合评估法、综合评价法及综合评分法，其实质就是打分法。

采购项目不同，涉及的因素及各因素的权重也不同，一般分为价格、商务、技术三大因素。为了突出强调各因素的影响情况，一般又细分为质量、价格、供应能力、信誉、供货前置时间、服务等项目。

综合因素法一般实行百分制评分。货物项目评分三大因素占百分制的权重分值为：价格因素权重不低于45%，商务因素权重为10%～20%，技术因素权重为5%～35%。服务项目评分三大因素占百分制的权重分值为：价格因素权重为30%，商务因素权重为15%～25%，技术因素权重为45%～55%。以上商务、技术因素权重具体随价格因素权重调整而作相应调整。

1）综合因素法的操作步骤。综合因素法的操作步骤如下：

①确定采购项目的影响因素。

②确定各因素在评标中所占权重。权重一般通过专家法获得。

③由评标委员会对各投标标书打分。

④计算各投标标书的综合得分，总分最高的投标为最优标。

综合因素法在设置评分标准时，注意把握一定的尺度，技术分和商务分的设置都要遵循一定的原则。一般说来，技术分的设定要遵循合理细化的原则；商务分的设定要遵循对产品比较成熟、价格比较敏感的采购项目，可提高商务分的比重，以体现价格优势；对技术复杂、配置要求高的采购项目，应提高技术分的比重，以保证采购质量。

$$\text{评标总得分}=F_1\times A_1+F_2\times A_2+\cdots+F_n\times A_n$$

式中 F_1，F_2，…，F_n——各项评分因素的汇总得分；

A_1，A_2，…，A_n——各项评分因素所占的权重，且 $A_1+A_2+\cdots+A_n=1$。

2）综合因素法的优点。综合因素法具有以下优点：

①在各大品牌竞争中，可以保证采购到价格、性能都比较适中的货物。

②针对有些市场价格不太透明、产品设计理念不同、不同品牌之间的投标价格无法相互比照的货物，可以通过公式计算来调整出相对合理的基准价，再计算出各投标单位的价格分。这样以便采购到既符合采购人对货物的技术要求、又价格适中的货物。

③一些市场价格透明度高、产品较成熟、价格较低的普通货物，通过规定计算的价格分显示：报价越高的，分数越低；而报价低的，则分数较高，就越有竞争力。这样既能采购到比市场上普通价格更优的货物，又体现出采购的优势。

3）综合因素法的主要适用范围。当采购项目的影响因素较多、依据单一因素难以确定中标方时，一般采用综合因素法评标。例如，我国《公路工程施工招标投标管理办法》（交通部令2006年第7号）指出，高速路、一级路、技术复杂的特大桥梁、特长隧道工程等适合采用综合因素法。

（4）投票表决法

投票表决法是指在评标时出现两家以上的供应商的投标都符合要求但又难以确定最优标时所采取的一种评标方法，由评标委员会委员投票，获得多数票的投标为最优标。

此外，“性价比法”和“双信封评标法”也被一些企业所使用，由于不具有普遍性，这里不再赘述。

5. 制定标底

制定标底也是招标委员会的一项重要工作。招标委员会要依据市场供求关系、生产成本及产品的科技含量等，还要通过项目概算，最终确定合适的采购价格水平，也称为“标底”。标底是招标委员会掌握的底牌，是绝对保密的。

三、招标

企业确定招标组织方法后，无论是自己招标还是委托招标，招标工作都将进入实质阶段。具体分述如下。

1. **编制招标文件**

招标文件是招标人向投标人提供的为进行投标工作而告知和要求性的书面性材料。招标文件是招标采购的指导性文件，是投标、评标和签订采购合同的依据。因此，编制招标文件是招标采购的关键环节，招标文件的编制水平和编制质量是影响招标质量的一个重要因素。采购方应重视选择招标文件的编制人，慎重确定相关条款。

招标文件由投标邀请书，投标须知，技术要求，供货一览表、报价表和工程量清单合同等几部分构成。

(1) 投标邀请书

投标邀请书是招标人邀请供应商参与投标的邀请函件。函件中指明文件编号，招标项目名称及性质，投标人资格要求，招标文件的获取方式，投标地点及截止时间，投标保证金，开标时间、地点等项目。

【资料卡】

投标邀请书

华侨大学采购中心（招标人）受华侨大学土木学院（采购人）的委托，对华侨大学土木学院材料力学综合实验设备及服务采购项目进行竞争性谈判采购，现邀请符合资格条件的供应商前来投标。

1 采购编号：HDCG20071127

2 采购项目名称、数量、服务及交货期：详见“华侨大学土木学院材料力学综合实验设备及服务采购一览表”。

3 投标人条件：

3.1 具有本次采购货物经营权的独立企业法人。

3.2 注册资金为人民币50万元或以上。

3.3 是货物的制造商或制造商授权的代理经销商。

3.4 有能力为本项目提供完善的设备维修及维护服务。

3.5 具有良好的商业信誉和健全的财务会计制度。

3.6 有依法缴纳税收和社会保障资金的良好记录。

3.7 参加政府采购活动前三年内，在经营活动中没有重大违法记录。

3.8 法律、行政法规规定的其他条件。

4 递交投标文件截止时间：2007年11月27日下午3：00时（北京时间），不符合《采购文件》的规定或逾期收到的投标文件恕不接受。

5 开标时间：2007年11月27日下午3：00时（北京时间）

6 递交投标文件及开标地点：华侨大学物资采购中心

7　采购单位联系方式：傅老师 0595—××××××××

8　《采购文件》的获取：

8.1　参加谈判的供应商从即日起可发送电子邮件到 buy@hqu. edu. cn 索取《采购文件》，电子邮件中请务必注明索取文件的项目名称、采购编号、公司名称、联系人、联系电话。

8.2　参加谈判的供应商也可在工作日期间，北京时间每天上午 8：00—11：30 时、下午 3：00—5：00 时，按下述地址到华侨大学物资采购中心索取《采购文件》。

招标单位：华侨大学物资采购中心

地　　址：福建省泉州市华侨大学施良侨科技实验大楼 2 楼

邮政编码：××××××

联 系 人：傅老师、金老师

电　　话：0595—××××××××

传　　真：0595—×××××××××

开户银行：中行泉州分行华大支行

银行账户：×××××××××××××××××××××

华侨大学物资采购中心

2007 年 11 月 19 日

华侨大学土木学院材料力学综合实验设备及服务采购一览表

采购编号：HDCG20071127

合同号	项目名称	技术要求	单位	数量	参考厂家及型号
1	材料力学综合实验装置	详见采购合同	套	1	天津大学力学工程实验中心江苏联能

注：(1) 交货时间：2007 年 12 月 20 日前。

(2) 交货地点：华侨大学厦门校区。

招标公告

××招标投标中心受×××公司的委托，就“—×××—××”公开招标采购，现将有关注意事项公告如下：

招标编号：CG08 012

一、招标单位：××招标投标中心

二、采购人：×××公司

三、本次招标内容×××××项目

四、投标人资格要求

(1) 具有良好的商业信誉和健全的财务会计制度。

(2) 具有履行合同所必需的设备和专业技术能力。

(3) 有依法缴纳税收和社会保障资金的良好记录。

(4) 参加采购活动近三年内，在经营活动中没有重大违法记录。

(5) 法律、行政法规规定的其他条件。

(6) 具有投标产品的供应能力、能满足招标文件规定的配送和服务要求，并有良好的工作业绩和履约记录。

(7) 有良好的履约和售后服务能力，并配有较强的技术队伍，提供快速的售后服务。

(8) 具有×××经营许可证。

(9) 企业地址在×××××范围内。

(10) 具有×××等必需的生产设备，能满本采购生产要求。

五、公告及报名时间、地点

公告时间：2008 年 7 月 4 日

报名时间：2008 年 7 月 4 日—7 月 14 日（节假日除外）上午 8：00—11：30，下午 1：30—5：30

报名地点：×××××投标中心（××市××路××号）812 室

六、报名时应提交的资料

(1) 经有关部门年检通过的有效企业营业执照（副本）原件及加盖公章（投标人公章，下同）的复印件一份；

(2) 经当地税务部门确认的上年度企业纳税情况（国、地税证明原件及加盖公章的复印件各一份）；

(3) 上年度社保基金缴纳情况证明文书原件及加盖公章的复印件一份；

(4) 法定代表人（企业负责人）或其委托代理人［委托代理人须提交法定代表人（企业负责人）的授权书］本人身份证（身份证、授权书须提供原件及加盖公章的复印件各一份）；

(5) 2008 年 1—6 月财务报表原件及加盖公章的复印件一份；

(6) ×××经营许可证原件及加盖公章的复印件一份；

(7) 主要生产设备清单。

已在余姚市招标投标管理办公室备案的供应商只需提供上述资料中的第 4、6、7、8 条资料。

七、招标文件的发售

发售日期：2008 年 7 月 4 日—7 月 14 日（节假日除外）上午 8：00—11：30，下午 1：30—5：00

发售地点：×××××投标中心（××市××路××号）812 室

标书售价：每本 200 元，售后不退

八、投标文件提交截止时间及地点

截止时间：2008 年 7 月 25 日上午 9：00

提交地点：余姚市招标投标中心一楼拍卖大厅

九、开标

开标时间：2008 年 7 月 25 日上午 9：00

开标地点：余姚市招标投标中心一楼拍卖大厅

十、投标保证金：人民币 10 000 元整。

投标保证金收妥抵用（即到账）截止时间：2008 年 7 月 24 日下午 3：30，各供应商以本单位开出的转账支票（必须实时清算）、银行汇票或电汇形式向余姚市招标投标中心提交。

投标保证金收款单位名称：余姚市招标投标中心

开户银行：上海浦东发展银行宁波分行余姚支行

账号：×××××××××××

十一、本次招标信息刊登在：

余姚市招标投标网（http://www.yyztb.gov.cn）

浙江政府采购网（http://www.zjzfcg.gov.cn）

宁波政府采购网（http://www.nbzfcg.gov.cn）

十二、招标单位联系人：×××，电话号码：×××××××××

本公告与招标文件内容如有不一致，以招标文件为准。

余姚市招标投标中心

2007年12月4日

（2）投标须知

投标须知具体制定投标的规则，使供应商在投标时有章可循。投标须知的主要内容包括：

1）项目说明。对资金来源、招标人、招标代理机构、投标费用、评标方法、货物产地的要求等给予说明。对于不进行资格预审的，还需提出投标人资格要求。

2）招标文件。对招标文件的构成、招标文件的澄清与修改及其涉及问题提出要求，做出说明。

3）投标文件的编制。指明投标文件编制原则、投标语言和计量单位、投标文件构成与装订、投标报价、投标货币币种、证明投标人合格和资格的文件、证明货物及服务的合格性和符合招标文件规定的文件、投标保证金、投标有效期、投标文件的式样和签署等。

由于“报价文件”和“商务资格证明文件”都有投标人的名称，如果采用密封评标，应要求投标方把“价格文件”“技术和服务文件”和“商务及资格证明文件”单独装订，并且要求投标文件中的“技术和服务文件”的副本不得折叠或作特殊标记，不得以任何方式透露投标单位、人员信息。对有关涉及投标单位和工作人员的全部用“投标单位”和“工作人员”字样代替。装订夹统一由执行机构提供。如果不是密封评标，文件可以装订在一起，开标一览表应分开单独提交，这是针对一些大的项目投标供应商较多的情况。

4）投标文件的递交。对投标文件的密封和标记、投标截止日期、迟交投标文件的处置、投标文件的修改和撤回等做出说明。

投标文件根据需要确定正本与副本的数量。一般情况下，要求一正多副或二正多副，为便于存档，可要求提供电子文件。通常要求将正本与副本分开封装，在封面右上角写上“机密”字样，中间写明封装内容，盖骑缝章。一旦正本和副本不符，以正本为准。投标保证金或投标保函应用信封单独密封。

5）开标与评标。要求对开标方式，投标人参与方法，评标委员会的组建与运作，投标文件的澄清，投标文件的初审，评标货币币种，投标的评价和最终评价的确定方式，评标原则及主要方法，可否与招标人、招标机构和评标委员会接触，是否开展资格后审及其方式做出说明。对于国际招标采购，还应该指出国内优惠的规定。

6）授予合同。对确定中标人及合同授予标准、投标时更改采购货物的权力、接受和拒绝任务或所有投标的权力、中标通知书、签订合同、履约保证金、腐败和欺诈行为的定义与处置做出说明和规定。

7）投标资料表。对上述内容及未尽而有必要申明的信息，以表格列出。

（3）技术要求

技术要求规定所采购项目的设计要求与方案、项目的技术性能指标及配置要求、项目的进度要求、项目的实施要求及技术服务要求、项目投标文件应答要求、项目的验收方式与内容等。如果技术要求不明确、不全面、不科学，将会增加采购风险、影响采购质量、增加评标难度，甚至导致废标。

采购项目的技术规格一般采用国际或国内公认的标准，不得对投标人有歧视、排斥或倾向的内容。

（4）供货一览表、报价表和工程量清单

1）供货一览表。包括采购商品的品名、规格、数量、交货时间和地点等。

2）报价表。包括商品的品名、规格、包装、单价、总价等，指明运输费用、保险等项目的承担方式等。

在国境内与在国境外提供的货物的报价要求分开编制，因为他们要求的项目有所不同。

3）工程量清单。对于工程采购，准确的工程量清单是投标人投标的重要依据。

（5）合同

招标文件应指明合同格式、内容及签订合同的要求等。一般包括以下内容：

1）产品名称、型号/规格、数量及金额。

2）交货时间、地点。

3）质量标准、质保期。

4）运输及保险。

5）包装物的供应与回收，包装标准。

6）检验标准、方法、时间、地点和期限。

7）结算方式、时间及地点。

8）本合同解除条件。

9）违约责任。

10）合同争议解决方式。

11）其他约定事项。

12）双方签字盖章。

2. 发布招标公告或招标邀请书

招标文件编制完毕，应根据招标方式的不同，发布招标公告或招标邀请书。招标公告或招标邀请书自发出之日到提交投标文件截止之日，一般不得少于30天。

3. 资格预审

企业在正式招标以前，可以先进行资格预审。预审是指对愿意承担招标项目的投标人进行财务状况、技术能力、资信等方面的预先审查。通过资格预审，缩小供应商范围，减少工作量，提高工作效率，同时降低招标成本。

一般来说，在正式招标以前，对于大型或复杂的工程招标、成套设备的采购等，都需要进行资格预审。

(1) 资格预审的内容

资格预审包括两方面内容，即基本资格和专业资格。基本资格是指供应商的合法地位和信誉，包括是否注册、最新的企业资产负债情况、是否存在违纪违法行为等。专业资格是指具备基本资格的供应商履行拟订采购项目的能力。具体内容如下：

1) 近三年承担的同类项目情况。

2) 为履行合同所配备的人员情况。

3) 拟投入主要生产设备情况。

4) 企业财务状况。

5) 售后服务的网点分布及人员结构等。

(2) 资格预审程序

1) 编制资格预审文件。

2) 发售资格预审文件。

3) 供应商提出资格预审申请。供应商获得资格预审文件后，应按照采购方提出的资格预审要求，填写资格预审文件，并按招标公告规定的时间提交资格预审申请。

4) 资格评定。采购方审查提出资格预审企业的供应商资格，及时将资格预审结果通知各参加资格预审的企业。只有通过资格预审的企业，才能够继续参加投标。

4. 发售招标文件

招标文件、图样和有关技术资料发放给通过资格预审获得投标资格的投标单位。采用资格后审的，发放给愿意参加投标的投标单位。对于发出的招标文件可以酌收工本费，但应避免借发售招标文件之机牟取不正当利益。对于招标文件中的设计文件，可以酌收押金，开标后将设计文件退还的，应当退还押金。

投标单位在收到招标文件、图样和有关资料后，应当认真核对，核对无误后以书面形式予以确认。对招标文件中认为有疑问或不清的问题可以提出疑问，执行机构和采购人收到后要进行受理，以书面形式予以解答，并发给每一个购买文件的投标人和潜在的投标人。投标人在收到该通知后应立即回函确认。

依法必须进行施工招标的工程，招标人应当在招标文件发出的同时，将招标文件工程所在地的县级以上地方人民政府建设行政主管部门备案，办理备案手续，接受建设行政主管部门依法对招标文件的审查。

招标文件对招标人具有法律约束力，一经发出，不得随意更改。招标人对已发出的招标文件进行必要的澄清或者修改的，应当在招标文件要求提交投标文件截止时间至少 15 日前，以书面形式通知所有招标文件收受人。该澄清或者修改的内容为招标文件的组成部分。

【资料卡】

利用投标截止时间规避招标是招标人常用的手段之一，即将发售招标文件期限故意明显缩短，使大部分潜在投标人来不及购买招标文件而无法参与招标，从而规避招标的做法。

四、投标

投标人是响应招标、参加投标竞争的法人或者其他组织。投标方取得招标文件后，应详细研究和分析招标文件的各项条款，做好投标计划，寻找合作伙伴和分包单位。

对于工程项目，投标人应积极组织参加招标方组织的现场勘察，以便在投标时做到“心中有数”。

1. 投标担保

为了保护采购人免遭因投标人的行为而蒙受的损失，招标文件要求进行投标担保。投标担保有保证金和保函两种形式，其中投标保证金在我国常见。在投标前，投标人应按照招标文件的要求，足额缴纳投标保证金。投标保证金可以使用现金、支票、银行汇票、银行保函、保险公司或证券公司出具的担保书等形式。

投标保证金缴纳金额通常有两种确定方式。一是要求投标方按照投标报价的一定百分比缴纳，一般为投标报价的1%～5%，这种方式很容易泄露投标方的报价机密。二是由招标方确定一个统一缴纳金额。不过，投标保证金一般不超过投标总价的2%，最高不得超过50万元。国际性招标采购的投标保证金的有效期一般为投标有效期加30天。

2. 编制投标文件

投标人应当按照招标文件的要求编制投标文件。投标文件应当对招标文件提出的实质性要求和条件做出响应。招标项目属于建设施工的，投标文件的内容应当包括拟派出的项目负责人与主要技术人员的简历、业绩和拟用于完成招标项目的机械设备等。

投标人根据招标文件载明的项目实际情况，拟在中标后将中标项目的部分非主体、非关键性工作进行分包的，应当在投标文件中载明。如果投标人为联合体，则联合体各方应分别提交资格文件、联合体协议并证明主办人。

投标人“资格证明文件”“价格文件”和“技术服务文件”都是评标委员会进行评标的依据，提供越详尽，对评标越有利。投标文件须由法人或法人授权的投标人代表签署，国际招标还须逐页小签。

投标人在招标文件要求提交投标文件的截止时间前，可以补充、修改或者撤回已提交的投标文件，并书面通知招标人。补充、修改的内容为投标文件的组成部分。

投标人不得以低于成本的报价竞标，也不得以他人名义投标或者以其他方式弄虚作假骗取中标；不得相互串通投标报价，不得排挤其他投标人的公平竞争，损害招标人或者其他投标人的合法权益。

3. 送交投标文件

投标人应当在招标文件要求提交投标文件的截止时间前，将投标文件送达投标地点。招标人收到投标文件后，应当签收保存，不得开启。有下列情形之一的，招标人应当拒收投标文件：

（1）未按招标文件要求缴纳投标保证金的。

（2）在招标文件要求提交投标文件的截止时间之后送达的等。

4. 投标文件的修改和撤回

投标人在投标截止时间前，可以对所递交的投标文件进行补充、修改或撤回。补充、修改的内容应当按照招标文件要求签署、盖章和密封，并作为投标文件的组成部分。使用电报、传真等对投标文件进行的补充和修改应视为无效。

5. 投标有效期

投标有效期指自开标之日起30天内。

在特殊情况下，在原投标有效期截止之前，可要求投标人同意延长投标有效期，这种要求与答复均以书面形式提交。投标人可拒绝这种要求，并且不影响保证金退还。接收延长投标有效期的投标人将不会要求和允许修正其投标，而只会被要求相应地延长其投标保证金的有效期。在这种情况下，有关投标保证金的退还规定在延长后的有效期内继续有效。

五、开标、评标与决标

1. 开标

招标人在规定的日期、时间和地点，将截止日期前收到的全部投标文件，在所有投标人或其代表出席的情况下，当众拆封投标文件，并公开宣读各投标人的投标条件，以使全体投标人了解各家的标价，这种程序即为开标。

开标由招标人主持仪式，邀请所有投标人参加。依法必须进行招标采购的项目，应有项目的主管部门负责人参加开标仪式。

（1）开标程序

1）宣布开标会议开始。

2）宣读投标人法定代表人资格证明书及授权委托书。

3）介绍参加开标会议的供应商和人员。

4）宣布公证、唱标、记录人员名单。

5）检查投标文件的密封情况。由投标人或者其推选的代表检查投标文件的密封情况，也可以由招标人委托的公证机构检查并公证。

6）开标。由工作人员当众拆封标书，评标委员会检验投标人提交的投标文件和资料，审查其完整性、文件的签署、投标保证金等，并宣读核查结果及有无撤标情况。

7）唱标。读标人逐一宣读投标人名称、投标报价、投标保证金、附加条件、补充说明、优惠条件以及开标一览表和投标文件要求的其他主要内容；对于工程招标，还应该记录总工期、主要材料用量等。

唱标情况应由记录人在预先准备好的表册上逐一登记，同时按报价金额排出标价顺序。登记表册由读标人、记录人和公证人签名后作为开标的正式记录，由招标单位保存。唱标顺序应按各投标人报送投标文件的时间先后逆顺序进行。

8）投标人说明。对于投标文件中含义不明确的地方，允许投标人做简要解释，但解释不能超过投标文件记载的范围，不能实质性地改变投标文件的内容。

9）宣读评标期间的有关事项。

10）宣读公证词。

11）宣布开标结束。

（2）废标的认定

开标时如果发现有下列情况之一者，均应认其为废标：

1）未密封或书写与标记不符合招标文件要求的标书。

2）无法人公章或无投标授权人签字的标书。

3）未按规定格式填写，内容不全或字迹不清无法辨认的标书。

4）招标文件内容没有对招标文件实质性响应，或与招标文件有严重背离的标书。

5）没有提交投标保证的投标。

6）其他不符合招标文件要求的投标。

想一想

当遇到使用电报、传真等进行投标的情况时，你该怎么办？

有些情况下，可以暂缓或推迟开标时间。例如，在招标文件发售后对原招标文件做了变更或修改，开标前发现足以影响招标公正性的违法或不正当行为，招标方接到质疑或投诉，发生突发事件，变更或取消采购计划等。

2. 评标

（1）组建评标委员会

评标由招标人依法组建的评标委员会负责。

依法必须进行招标的项目，其评标委员会由招标人的代表和有关技术、经济等方面的专家组成，成员人数为 5 人以上单数，其中技术、经济等方面的专家不得少于成员总数的 2/3。

技术、经济等方面的专家由招标人从政府有关部门提供的专家名册，或者招标代理机构专家库内的相关专业的专家名单中确定。一般招标项目可以采取随机抽取方式，特殊招标项目可以由招标人直接确定。与投标人有利害关系的人员不得担任评标委员会成员，已经进入的应当更换。评标委员会成员的名单在中标结果确定前应当保密。

（2）初步评标

初步评标的内容包括投标人的资格是否符合要求、投标文件是否完整、是否按规定方式提交投标保证金、投标文件是否对招标文件做出实质性响应等。初评不合格的投标，不再参加正式评标。

对于初评符合要求的投标，下一步要核准投标中有没有计算或累计方面的错误；如果有，应及时修正。投标文件的修正原则如下：

1）开标一览表（报价表）内容与投标文件中明细表内容不一致的，以开标一览表（报价表）为准。

2）大写金额与小写金额不一致的，以大写金额为准。

3）总价金额与单价金额不一致的，以单价金额为准。

4）单价金额小数点有明显错位的，以总价为准，并修改单价。

5）对不同文字文本投标文件的解释发生异议的，以中文文本为准。

（3）详细评标

在完成初步评标以后，下一步就进入详细评定的比较阶段。评标委员会应当按照招标文件规定的评标标准和方法，对投标文件进行系统地评审和比较。招标文件中没有规定的标准和方法，不得作为评标的依据。

设有标底的，应当参考标底。

投标截止时间结束后参加投标的供应商不足三家的，应废除全部投标。视情采取竞争性谈判、询价或者单一来源方式采购。

（4）编写评标报告

评标委员会完成评标后，应当向招标人提出书面评标报告，并推荐合格的中标候选人。评标报告的内容包括：

1）招标项目；

2）招标公告或招标邀请书发布时间；

3）投标情况；

4）投标报价（包括修改的内容）；

5）价格评比基础；

6）评标的原则、标准和方法；

7）评标结果；

8）授标建议。

【资料卡】

如果没有进行资格预审，评标后应进行资格后审。资格后审的内容与资格预审基本一致。

3. 决标

招标人根据评标委员会提出的书面评标报告和推荐的中标候选人确定中标人。招标人也可以授权评标委员会直接确定中标人。

中标人确定后，招标人应当向中标人发出中标通知书，并同时将招标结果通知所有未中标的投标人。

中标通知书对招标人和中标人具有法律效力。中标通知书发出后，招标人改变中标结果的，或者中标人放弃中标项目的，应当依法承担法律责任。

依法必须进行招标的项目，招标人应当自确定中标人之日起 15 日内，向有关行政监督部门提交招标投标情况的书面报告。

【资料卡】

评标委员会经评审，认为所有投标都不符合招标文件要求的，可以否决所有投标。依法必须进行招标的项目的所有投标被否决的，招标人应当依照本法重新招标。

在确定中标人前，招标人不得与投标人就投标价格、投标方案等实质性内容进行谈判。

【资料卡】

中标通知书

招标编号：08036

______________公司：

依据《中华人民共和国招标投标法》及有关法律法规和招标文件的规定，××××采购项目的________招标，经评标委员会推荐，确定贵方为中标人，请贵方接到本通知后，到__________，与招标人签订__________合同。

中标内容：______________。

中标价格：______________。

工作时间：______________。

质量标准：______________。

招标人：（盖章）　　　　　　　　招标代理人：（盖章）

____年____月　　日　　　　　　　____年____月____日

（招标人、招标代理人、中标人各存留一份）

4. 退还投标保证金

决标后，对于未中标的投标人，应在中标通知发出后 5 个工作日内无息退还投标保证金；中标供应商的投标保证金，将在采购合同签订后 5 个工作日内无息退还。

有下列情况之一的投标人，应该没收其投标保证金：

（1）在投标有效期内修改投标文件或撤销投标。

（2）中标人在规定期限内未能签订合同的。

（3）中标人不能提供履约保函。

（4）提供虚假材料谋取中标。

5. 签订合同

招标人和中标人应当自中标通知书发出之日起 30 日内，按照招标文件和中标人的投标文件订立书面合同。招标人和中标人不得再订立背离合同实质性内容的其他协议。招标文件要求中标人提交履约保证金的，中标人应当提交。

对于按要求签订了采购合同的中标人，应及时退还其投标保证金。

中标人应当按照合同约定履行义务，完成中标项目，不得向他人转让中标项目，也不得将中标项目分解后分别向他人转让。

招标人与中标人不按照招标文件和中标人的投标文件订立合同的，或者招标人、中标人订立背离合同实质性内容的协议的，责令改正；可以处中标项目金额千分之五以上千分之十以下的罚款。

任务实施

翻阅相关资料并咨询老刘（采购主管）之后，提议采用公开招标的形式购买此批 IT 设备。

首先，在采购立项与计划获批的基础上，确定由×××自己组织招标活动，成立项目招标委员会，成员如下：

(1) 杨××（信息部经理）

(2) 徐　×（财务部经理）

(3) 陈　×（监察部经理）

(4) 刘××（采购部经理）

(5) 刘　×（采购主管）

(6) 陈　×（采购培训生）

紧接着，项目招标委员会开会通过提议的公开招标方式，确定了最低评标价法并制定了标底。

然后，项目招标委员会编制招标文件、发布招标公告、发售招标文件。

投标邀请书

苏州 OYM 自行车（太仓）有限公司为了加快公司信息化的发展，决定为一批价值 600 万元人民币的 IT 设备进行公开招标，欢迎合格的投标人参加投标。

1. 项目编号：1061—1061C140134

2. 项目内容及要求：IT 设备，包括服务器系统（服务器、配套操作系统及双机集群软件）、网络系统（交换机）、附属配套设备（计算机和激光打印机等）以及相关软件［详见“苏州 OYM 自行车（太仓）有限公司信息化改造采购一览表”］

3. 主要目的：加快公司信息化发展之用

4. 招标时间：20××年××月××日

5. 招标地点：苏州 OYM 自行车（太仓）有限公司第一会议室

6. 招标文件从 20××年××月××日起每天（公休日除外）工作时间在上述地址出售，招标文件每套人民币 200 元（邮购另加 50 元人民币），售后不退。

7. 投标书应附有 10 000 元的投标保证金，可用现金或按下列开户行、账号办理支票、银行自带汇票。投标保证金请于 20××年××月××日 12 时（北京时间）前递交到。

开户名称：苏州 OYM 自行车（太仓）有限公司

账　　号：6221234567890657

开户银行：招商银行

8. 投标截止时间：20××年××月××日 12 时 00 分（北京时间）逾期不予受理。

9. 投递标书地点：苏州 OYM 自行车（太仓）有限公司采购部

10. 开标时间和地点：20××年××月××日 12 时 00 分，苏州 OYM 自行车（太仓）有限公司第一会议室

11. 通信地址：苏州 OYM 自行车（太仓）有限公司

邮政编码：215400

电　　话：××××××××

传　　真：××××××××

联 系 人：×××

（招标机构）苏州 OYM 自行车（太仓）有限公司

20××年××月××日

接着，项目招标委员会组织投标、开标、评标与决标。

最后，项目招标委员会退还投标保证金并签订合同。

技能训练

招标采购综合训练

背景资料

×××学院拟为各教学单位教师改善办公条件，初步计划为每位坐班教师配备一台计算机，为每个办公室配备一台公用计算机，为坐班教师办公室配备打印机、传真机、复印机各一台，为其他办公室各配备打印机一台，其余办公设备，按需购买。

一、训练目标

1. 掌握招标采购的具体步骤。
2. 能够根据采购对象的特点进行招标采购组织。
3. 学会编制招、投标文件。

二、训练准备

1. 内容选择：汇总每组为被调查的教学单位确定采购需求并编制采购计划与预算，形成全院的采购需求以及采购计划与预算，进行招标。

2. 角色申报：要求就招标单位法人代表，招标项目负责人及工作人员，招标公司负责人及工作人员，投标单位法人代表及工作人员、专家、法律工作者等角色进行申报。

三、训练步骤

1. 讨论采购的主要步骤，确定招标采购。
2. 按照已经确定的采购步骤，依次编写招标、投标及相关文件。
3. 组织一次开标会议。
4. 完成投标、开标、评标与决标，以及签订合同、退还投标保证金等工作。

四、注意事项

1. 采购步骤应完整。

2. 设训练的关键控制点，特别是进度控制：

进度控制 1：角色申报后，确定招标团队、投标团队及其他角色。

进度控制 2：招标团队确定招标组织方法、招标方式和评价方法并制定标底。

进度控制3：招标团队召开“招标说明会”，下发各类招标文件；投标团队全体参会。

进度控制4：投标团队根据“招标说明会”要求拟订并递送投标书，准备“开标、评标与决标”时的展示。

进度控制5：招标团队准备招标会现场布置，拟订开标、评标与决标流程，收取投标书。

进度控制6：招标团队召开“开标、评标与决标会”；投标团队全体参会并汇报。

进度控制7：中标人公示、签订合同、退还投标保证金等工作。

3. 注意总结招标采购要点。

五、评分标准

1. 个人得分：30分。

(1) 申报积极性：10分。

(2) 角色重要程度：10分。

(3) 在小组中所起作用：10分。

2. 小组得分：70分。

(1) 按时完成任务：10分。

(2) 文件质量：40分。

(3) 整体评价：20分。

思考与练习

一、选择题

1. 下列对于招标采购说法错误的是（   ）。

A. 三家以上供应商投标方可开标

B. 原则上以报价最低的供应商得标

C. 所有报价都大大高过标底时，采购人员有权宣布流标，或征得监办人员的同意，以议价方式办理

D. 国内招标不允许国外企业投标

2. 下列不属于邀请招标特点的是（   ）。

A. 使用招标公告　　B. 接受邀请的单位才是合格的投标人

C. 投标人的数量有限　　D. 竞争受到限制

3. 下列投标方式中，可以用以开标的投标书是（   ）。

A. 电传投标

B. 电报投标

C. 开标前对标书中含义不明确的地方做了简单说明的投标

D. 没有缴纳投标保证金的投标

4. 下列投标不属于无效投标的是（   ）。

A. 投标文件未密封和/或技术文件未按规定加盖公章和签字

B. 投标文件中无投标保证金

C. 投标文件未按规定格式、内容填写和/或投标文件内容与招标文件有严重背离

D. 投标文件报价的中文数据与数字数据不统一

5. 在招标中，不能没收投标保证金的情况是（　　）。

A. 在投标截止日期后、投标有效期内撤标

B. 在投标截止日期后对投标文件作实质性修改

C. 不按与中标时规定的技术方案、供货范围和价格等签订合同

D. 开标时，对投标文件作了说明

二、判断题

1. 在招标采购过程中，有时采购人员有权宣布流标，或征得监办人员的同意，以议价方式办理。（　　）

2. 招标采购必须有三家以上供应商投标方可开标。（　　）

3. 在招标采购中，投标文件的正本和副本的份数应依据招标文件的要求，并没有统一要求。（　　）

三、简答题

1. 招标采购的适用条件是什么？

2. 招标采购的程序有哪些？

3. 简述常见的评标方法。

4. 哪些情况下没收投标保证金？

模块六

采购技术

任务1 电子化采购

学习目标

1. 理解电子化采购的原理；
2. 具有电子化采购的操作能力。

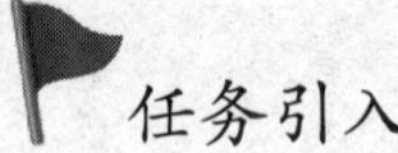

任务引入

尝试进行电子化采购自行车零配件的可行性，绘制电子化采购的流程图，并且比较电子化采购和传统采购方式的优势和劣势。

任务分析

随着计算机技术及网络技术的发展，采购也迎来了新的发展。采购是企业为了进行正常的生产、服务和运营，而向外界购买产品和服务的行为，是企业运营过程的一个重要组成部分。在学习电子化采购相关知识的基础上，利用网络完成自行车配件采购的相关操作。

相关知识

一、电子化采购的含义

随着网络技术的飞速发展以及市场竞争的日益激烈，企业的运作模式、组织结构都在发生着深刻的变革，企业的采购活动也向电子化、网络化发展，电子化采购的概念也随之应运而生。电子化采购（e-procurement）即使用因特网、电子数据互换或电子文件传输来进行的企业间采购行为。与传统的采购方式相比，电子化采购从采购要求的提出、订单的产生、商品运输以及存货管理等方面都有了重大的改变。网络的介入使采购流程得到优化，并在降

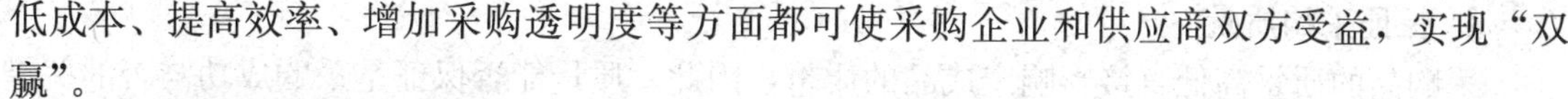

低成本、提高效率、增加采购透明度等方面都可使采购企业和供应商双方受益，实现“双赢”。

二、电子化采购的优势

1. 显著降低采购成本

在传统的采购方式中，一般性工业企业采购的成本占到企业生产总成本的 60%以上，从事采购工作的员工数量和日常支出也极为可观。因此，企业的采购成本水平对企业产品的总成本有直接的影响，并进而影响企业产品的市场竞争力和企业的盈利水平。据美国全国采购管理协会称，使用电子化采购系统可以节省大量成本：采用传统采购方式每生成一份订单所需要的平均费用为 150 美元，而使用电子化采购可以将这一费用降低到 30 美元。早在数年前，IBM 公司就已开始了由传统采购方式向电子化采购方式的转变。电子化采购使 IBM 的运营成本不断降低，自 1995 年以来，平均每年节约采购成本约 20 亿美元。

2. 有效提高采购效率

传统的采购方式下，企业采购的周期较为冗长，主要有三个原因。

一是企业在采购过程中选择合适的商品及其供应商极其不易，如果要到企业实地考察，更要花费较长的时间。

二是企业采购是 项跨部门和组织的工作，每一个环节都有复杂的处理程序，要保证采购的物资按时到位，必须要求物资使用部门提前较长时间申报采购计划；而且由于各业务部门“各自为政”，导致采购信息在企业内部不能得到及时顺畅的流转，影响采购效率的提高。

三是传统的采购活动是建立在大量的纸质文件基础之上的，从生产部门采购需求的提出、到采购部门与供应商的各种联系、再到交货及资金的结算，整个过程产生了大量的纸质凭证，如领导的批示文件、合同、汇票、收货单等，这些单证的制作、填写、保存牵涉到各部门员工大量的精力，常常会因某一单据的错误或遗漏而影响整个采购工作的进行。繁杂的采购文档，加之复杂的采购程序，势必导致采购活动的低效率。

电子化采购使得以前漫长而艰难的信息收集、认证、商务谈判、资金结算等工作流程大大简化，采购人员可在很短的时间内得到比以前更广泛、更全面、更准确的采购资料，而且电子化采购是无纸化交易，提高了传输和保管文件的效率和准确性，采购工作的效率必将会大大提高。电子化采购可使采购企业牢牢把握采购的主动权。

3. 优化采购管理

传统的采购方式下，在与外部供应商沟通的过程中，采购部门一般处于主要地位，生产、研发部门很少有机会与供应商直接接触，对缺乏经验的采购人员或有较高技术要求的采购物资来说，经常会产生所采购物资与实际需要不符的问题，既造成资源浪费，又可能耽误生产经营的正常进行。在消费者越来越追求多样化和个性化的今天，如果有过多的库存成品，就必然加大销售的风险。过高的原材料、零部件的库存同样也会给企业增加经营负担，产生较高的存货成本，进而提高产成品的成本。电子化采购对加强、优化企业的采购管理具有重要意义。可以从两方面来理解：一是便于对采购业务进行集中管理；二是提高企业存货管理水平。电子化采购可以逐渐使企业从高库存生产向低库存生产、微库存生产过渡，直至实现零库存生产。

4. **保证采购质量**

采购品的质量高低直接影响产成品的质量，因此，质量能否保证是采购成功与否的关键因素。在传统的采购活动中，因为有人情、回扣等因素影响，并且采购的范围相对较小，只能“货比三家、五家”，采购中出现质量问题是极为常见的，企业采购到的往往是“价不廉、物不美”的商品，影响企业的生产经营。电子化采购中采购商可以在很大范围内选择供应商，可以做到“货比百家、千家”，尽可能找到质量和价格最为理想的合作伙伴。如对对方的供货信息有疑问，还可进行实地考察，防止质量事故的发生。对原来通过中间商采购的企业来说，可以直接通过网络与生产商联系，防止假货的骚扰。比如，一家经营名烟、名酒的经销商，过去因为生产厂家远在千里之外，无法与其直接沟通，只能直接从中间商那里进货，但很难断定中间商销售的商品是真是假。如果通过电子化采购，经销商只要直接登录到生产厂家的站点，选择所需要的商品品种，再在网上支付一定数量的预订金，当厂家确认订单后，即可为经销商安排货源，通过物流配送部门或设在经销商当地的生产厂家的分支机构送货上门，使经销商采购到“正宗”的商品，并且价格更为合理。微软公司也已经把其软件销售的重点转移到网上，让全球各地的用户直接在网上通过注册购买到正版软件，杜绝盗版软件的销售。应该说，电子化采购的不断普及，对保证产品质量、打击假冒伪劣能起到很好的促进作用。

5. **增加交易的透明度**

在传统的采购活动中，交易透明度常常因为采购信息的不充分而受到影响，有的交易是由人为原因造成的“黑箱操作”，不仅给企业造成损失，也使不少人犯了错误。电子化采购对提高交易的透明度、减少“黑箱操作”将起到重要的作用。电子化采购可提高供应商的透明度、提高采购商品的透明度、提高采购价格的透明度。

三、电子化采购的类型

电子化采购依照管理者和参与者的角色不同可以划分为三种类型。

第一种是产业领导厂商通过互联网连接本身的供货商，进行在线采购原料，借此节省成本、文书作业与处理时间。这种类型适合行业的领导者，其实力雄厚，有足够的能力整合供应商。如IBM的电子化采购就属于这一种类型。

第二种是由第三者主持的独立在线交易市集，也称为电子市场（electronic market）。这些独立的公司负责把买方与卖方集合起来，让双方在网络上接触。这种类型的电子化采购对于采购方而言，可以接触到很多供应商，适合于产业集中程度低、买卖双方数量都很庞大而零散、缺乏主导力量的采购方。

第三种是产业的领导厂商联合起来成立的在线交易市集，也称为产业平台（industry platform）。建立产业平台是电子化采购方式的又一大创新。一个个产业平台就是一个个网站，将拥有相同产品种类的、不同供应商的产品目录在线整合在一起。通用汽车公司、福特汽车公司、戴姆勒·克莱斯勒汽车公司和丰田汽车公司就成立了一个这样的平台，进行联合在线采购。这几家公司每年总计花费在零部件和原材料上的采购金额达3 000多亿美元，通过合作，他们可以增强自身的采购能力，有望从供应商那里得到价格让步，并减少10%的支出。

四、电子化采购的流程

企业的电子化采购一般是通过应用相关的软件来实现的，不同的软件提供了不同的解决方案。这些解决方案各有其特点，但基本都包括如下流程。

（1）填写订购单。采购部门的员工或采购申请部门通过软件提供的界面提出要求并填写订购单。

（2）审核订购单。一般通过管理软件自动进行审核，当订单要求超过限额或一些特殊的订单要提交企业主管进行审核。

（3）联系供应商。订单批准后，就通过网络联系供应商，供应商根据企业的采购要求，通过网络提供相应的商品或服务的信息。

（4）选择供应商。采购企业根据供应商提供的各种资料信息进行比较选择，择优选定一家或数家供应商。

（5）采购结算。通过相应软件进行采购货款的结算，借助银行的参与实现货款的支付转移。

从上可见，在电子化采购的整个流程中，人工参与因素越来越少，信息的传递基本依赖网络进行，保证了采购过程的公正、高效，对克服采购过程中的“黑箱操作”十分有效。

任务实施

1. 浏览专业的企业电子化采购网，检索自行车配件信息

（1）http://www.alibaba.cn/　阿里巴巴网（见图 6—1—1）

（2）http://www.hc360.com/　慧聪网（见图 6—1—2）

（3）http://cn.made-in-china.com/　中国制造网

（4）http://ch.gongchang.com/　世界工厂网

（5）http://cn.china.cn/　中国供应商网

图 6—1—1　阿里巴巴网截图

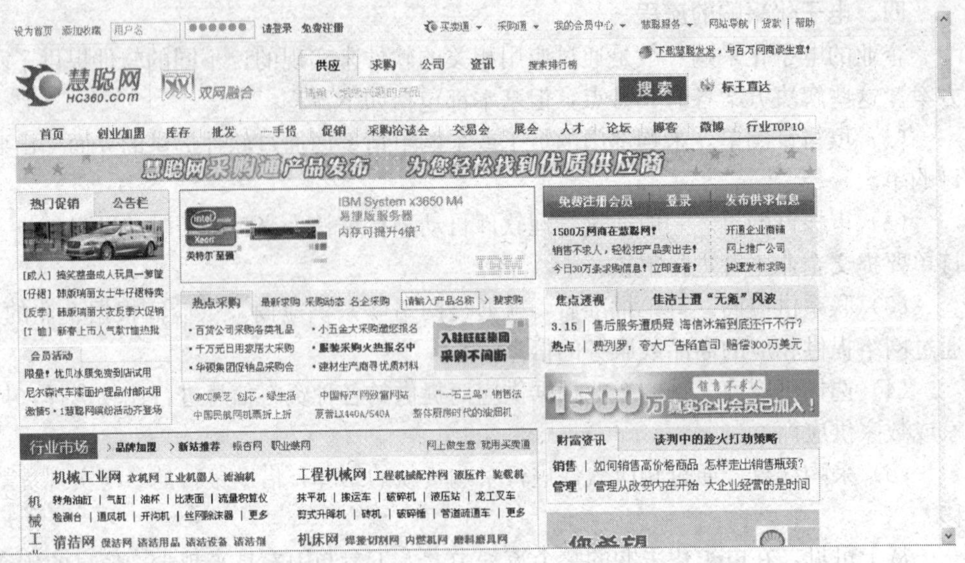

图 6—1—2 慧聪网截图

2. 绘制电子化采购流程图（见图 6—1—3）

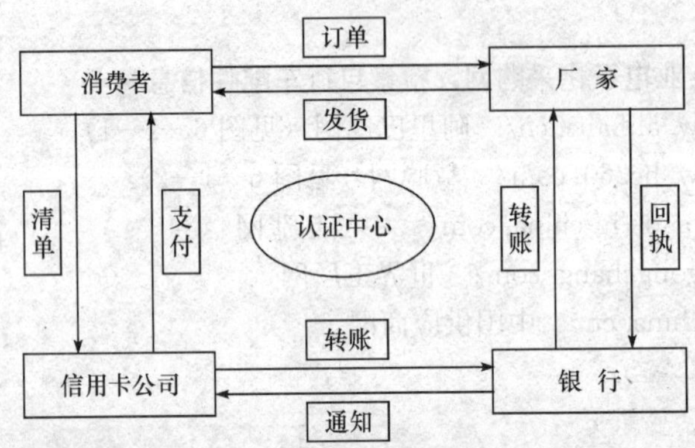

图 6—1—3 电子采购流程图

3. 电子化采购与传统采购方式优劣势对比（见表 6—1—1）

表 6—1—1 电子化采购与传统采购方式优劣势对比

采购方式	电子化采购	传统采购
区别	电子化采购相对于传统采购方式，最主要的区别就是电子化采购采用现代计算机网络的技术、特别是因特网的应用为工具，把采购项目的信息公告、发标、投标报价、定标等过程放在网络上进行，采购相关的数据和信息实现了电子化	

续表

采购方式	电子化采购	传统采购
优势	①大大减少了采购需要的书面文档材料。②减少了对电话、传真等传统通信工具的依赖，提高了采购效率，降低了采购成本。③利用网络开放性的特点，使采购项目形成了最有效的竞争，有效地保证了采购质量。可以实现电子化评标，为评标工作提供方便。④由于需要对各种电子信息进行分析、整理和汇总，可以促进政府采购的信息化建设。⑤能够更加规范采购程序的操作和监督，大大减少采购过程中的人为干扰因素。⑥更加符合信息时代对政府采购的要求，促进政府采购与电子商务相结合。⑦受地理位置的局限性小。⑧购买方便便捷。⑨不易造成暗箱操作，透明度高	①有实物参考，一手交钱一手交货，品质能够得到较高的保证。②信用度及安全性高。③配套服务多。④信息保密工作比较严格。⑤注重售后把关
劣势	①因为没有实物，所以目前产品质量没有保证。②网络信用度不高，相关的法律法规还有待完善。③配套服务少。④售后服务还不完善	①传统的供应商管理存在大量人为因素。②采购周期较为冗长，降低了效率，容易造成资源浪费。③受地理位置的局限性较大

技能训练

电子化采购调查报告

背景资料

×××学院拟为各教学单位教师改善办公条件，初步计划为每位坐班教师配备一台计算机，为每个办公室配备一台公用计算机，为坐班教师办公室配备打印机、传真机、复印机各一台，为其他办公室各配备打印机一台，其余办公设备，按需购买。

一、训练目标

具有电子化采购的操作能力。

二、训练步骤

1. 以 6~8 人为一组，选出组长一名。
2. 演示电子化采购的操作流程。
3. 给出需要进行电子化采购的订单，即前期每组为调查的教学单位在传统采购模式下完成的订单。
4. 按照要求进行电子化采购操作。

三、注意事项

1. 完成下单任务后不需要支付（也不需要下达货到付款的订单）。
2. 前期传统采购模式下完成订单的内容进行采购与对比。

3. 关注支付方式、物流成本、到货方式、安装调试等相关事宜。

四、评分标准

1. 描述的电子化采购操作方式是否合理（20 分）。
2. 展示的电子化采购订单信息是否全面（40 分）。
3. 电子化采购与传统采购方式优劣势对比（40 分）。

任务 2 MRP 采购

学习目标

1. 理解 MRP 采购的原理；
2. 具有编制 MRP 计划的能力。

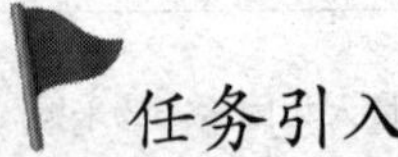

任务引入

AB100 型赛车由若干零部件组装而成，具体的物料清单表（BOM）如图 6—2—1 所示。请编制型号为 AB100 的竞速赛车的 MRP 计划。

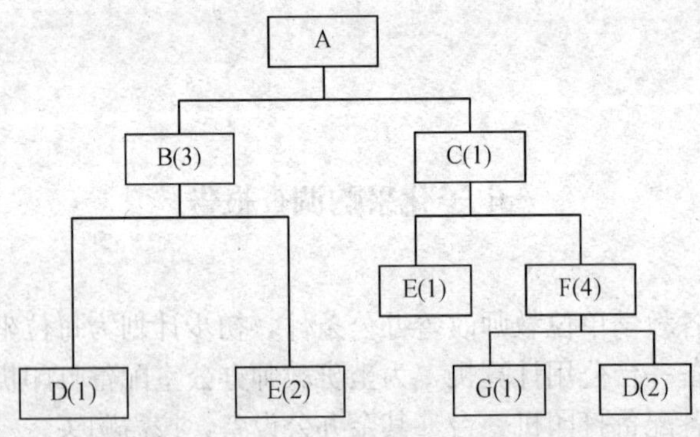

图 6—2—1 AB100 型赛车的物料清单

在图 6—2—1 中，A 表示成品 AB100，B、C、D、E、F、G 分别是 AB100 使用的零部件。

为了更科学合理地制订生产计划，欧亚马公司统计了近期该型号赛车的客户订单，并对市场情况做了一个需求预测，综合分析后制订了 AB100 的主生产计划（见表 6—2—1）。

表 6—2—1 AB100 的主生产计划

周次	1	2	3	4	5
生产计划（件）	0	5	10	20	25

AB100 的提前期为 1 周，B 零件的提前期为 2 周，B 零件的现有库存为 80，第 3 周有 40 单位 B 零件计划入库，订货方式为按实际净需求量（LFL）订货，并且不考虑安全库存。

请根据 AB100 的主生产计划，列表计算出 B 零件的物料需求计划。如果 B 零件的订货方式改为固定批量（每 50 件为一个订货单位），并设定安全库存为 10，其他条件不变，请重新计算出 B 零件的物料需求计划。

任务分析

企业生产系统较为复杂，一个产品，有成千上万个零部件，这些零部件按一定的时间进度、一定的比例关系统一装配成一个一个完整的产品。

这个庞大的计划包括生产计划和采购计划两部分。通过这两个计划才能把不同空间、不同时间的零部件有条不紊地进行生产和装配，按时按量地组织到总装配线上来，最后装配成合格的产品。

传统的订货点方法在处理制造过程中的供需矛盾有很大的盲目性，会造成大量的原材料及在制品库存。

订货点方法是用于处理独立需求问题的，它不能令人满意地解决生产系统内发生的相关需求问题。

相关知识

一、MRP 的提出

MRP 实质上是生产企业用来制订物料需求计划、进行生产管理的一个应用软件。它不仅可以制订出企业的物料投产计划，而且可以用来制订外购件的采购计划，非常适合于加工、制造、装配企业中使用，配合使用计算机，可以迅速制订出比较详细的生产计划和采购计划。

二、MRP 的原理

MRP 是 Material Requirements Planning 的缩写，中文通常翻译为“物料需求计划”，其含义是：利用物料清单、库存数据和主生产计划计算物料需求的一套技术。其基本任务是：①从最终产品的生产计划（独立需求）导出相关物料（原材料、零部件等）的需求量和需求时间（相关需求）；②根据物料的需求时间和生产（订货）周期来确定其开始生产（订货）的时间。

MRP 应用的目的之一是进行库存的控制和管理。按需求的类型可以将库存问题分为两种：独立需求和相关需求。独立需求库存是指将要被消费者消费或使用的制成品的库存；相关需求库存是指将被用来制造最终产品的材料或零部件的库存。MRP 的基本内容是编制零件的生产计划和采购计划。基本 MRP 的依据是：①主生产进度计划（MPS）；②主产品结构文件（BOM）；③库存信息。它们之间的逻辑流程关系如图 6—2—2 所示。

三、MRP 系统的构成

MRP 的输入有三个文件。

1. 主生产进度计划 MPS（master production schedule）

主生产进度计划一般是主产品的一个产出时间进度表。主产品是企业生产的用以满足市

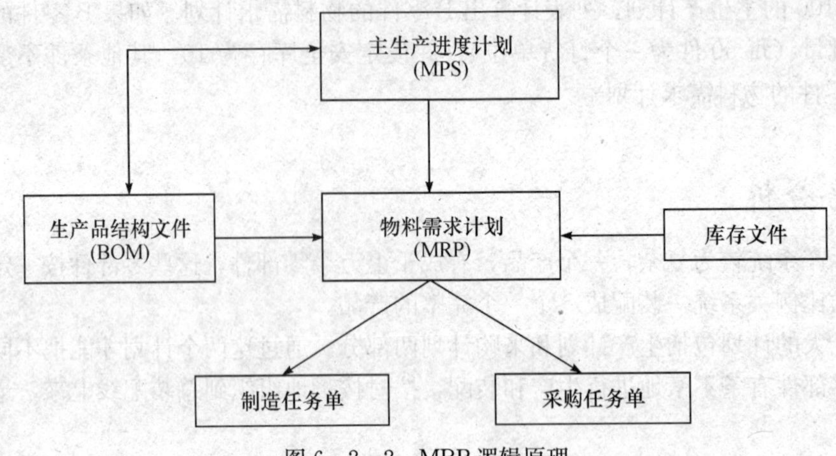

图 6—2—2　MRP 逻辑原理

场需要的最终产品，一般是整机或具有独立使用价值的零件、部件、配件等。

主产品出产进度计划来自企业的年度生产计划。年度生产计划覆盖的时间长度一般是一年，在 MRP 中用 52 周来表示。但是主产品的出产进度计划可以不一定是一年，要根据具体的主产品的出产时间来定。但是有一个基本原则，即主产品出产进度计划所覆盖的时间长度要不少于其组成零部件中最长的生产周期；否则，这样的主产品出产进度计划不能进行 MRP 系统的运行，因此是无效的。

2. 主产品结构文件 BOM（bill of materials）

主产品结构文件不仅是一个物料清单，还提供了主产品的结构层次、所有各层零部件的品种数量和装配关系，一般用一个自上而下的结构树表示。每一层都对应一定的级别，最上层是 0 级，即主产品级，0 级的下一层是 1 级，对应主产品的一级零部件，这样一级一级往下分解，一直分解到最末一级 n 级，一般是最初级的原材料或者外购零配件。每一层各个方框都表示三个参数：

（1）组成零部件名。

（2）组成零部件的数量。指构成相连上层单位产品所需要的本零部件的数量。

（3）相应的提前期。包括生产提前期和订货提前期。

例如图 6—2—3 给出了主产品 A 的结构图，它由 2 个部件 B 和 1 个零件 C 装配而成，而部件 B 又由 1 个外购件 D 和 1 个零件 C 装配而成。

图 6—2—3 所画的结构树虽然没有错，而且可以直观地看出主产品的结构层次，但是根据这个结构树，同样的零件 C 在不同的层次上要分别计算一次，容易造成混乱和重复计算，给计算机运行带来麻烦。所以为了计算方便，常常把在几个层次上都有的同样零部件都统一取其最低的层次号，画到它所在的最低层上，如图 6—2—4 所示的 C 零件，这也是画主产品结构图的小技巧。

3. 库存文件

库存文件也称库存状态文件，包含各个品种在系统运行前的期初库存量的静态资料，但它主要提供并记录 MRP 运行过程中实际库存量的动态变化过程。由于库存量的变化是与系统的需求量、到货量等各种资料变化相联系的，所以库存文件实际上提供和记录各种物料的

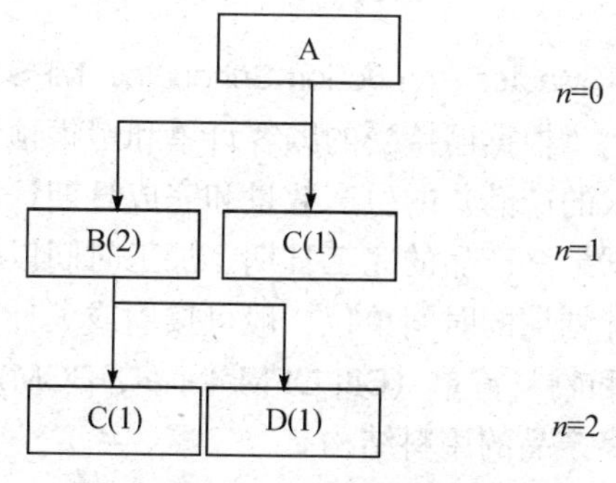

图 6—2—3　主产品 A 的结构图

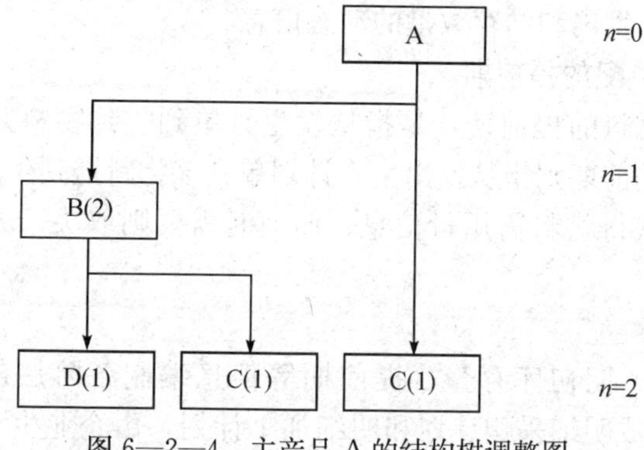

图 6—2—4　主产品 A 的结构树调整图

各种参数随时间的变化。这些参数有：

（1）库存量

库存量是指每周库存物资的数量，包括现有库存量和未来各周的计划库存量。在开始运行 MRP 之前，仓库中可能还有库存量，称为现有库存量，也称本期期初库存量。它在数值上表示为：

库存量＝本周周初库存量＋本周到货量－本周需求量

＝上周周末库存量＋本周计划到货量－本周需求量

（2）计划到货量

计划到货量是指在本期 MRP 计划之前已经购进在途、或者生产在产、预计要在本次 MRP 计划期的某个时间到达的货物数量。

（3）总需求量

总需求量是指主产品及其零部件在每一周的需求量，其中主产品的总需求量与主生产进度计划一致，而主产品的零部件的总需求量根据主产品出产进度计划和主产品的结构文件推算而得出。

MRP 输入完毕后，MRP 系统会自动计算出各周的库存量、净需求量、计划接受订货量和计划发出订货量，形成库存文件。

四、MRP 计划编制程序

1. 编制主生产进度计划（Master Production Schedule，MPS）

在生产总体计划的基础上，根据已接受的顾客订单和销售预测，确定在一定计划期间需要生产的最终产品（独立需求的产品）的生产数量和完成日期，即编制主生产进度计划。主生产进度计划的计划期应根据最终产品的完工日期、加工时间以及所需各种原材料、零部件等的提前时间等因素确定。计划期的时间单位一般可按周或天计算，称为时间段。

2. 根据主生产进度计划和物料清单（Bill Of Material，BOM）核算各阶层物料需用量

所谓物料清单，是指最终产品的用料结构。

3. 建立各物料项目动态信息

每种最终产品及其所需各种物料项目，应分别设立卡片，记录和提供它们每时段（天或周）的补充订货、收入、发出和结存数量的动态信息。

4. 确定采购和加工装配的提前期

对于外购零部件、材料的提前期，是指从发生订单到收到物料并能投入生产使用的时间，企业自制零部件的提前期则指从发出生产计划单到该物料送到生产线投入生产使用的时间。根据物料清单只能获得物料需用量信息，而何时需要则取决于主生产进度计划及提前期。

5. 编制 MRP 计划表

根据物料毛需用量、期初库存量、提前期等信息编制各阶层的 MRP 计划表，并在 MRP 计划表基础上，生成明细采购计划和明细加工计划，由企业生产、物流、销售等部门协作完成 MRP 计划。

任务实施

MRP 计划编制程序编制如下：

首先，根据 AB100 的 BOM 表，要生产 50 件的 A 产品，需要的零部件为：

A＝50

B＝50×3＝150

C＝50×1＝50

D＝50×3×1＋50×1×4×2＝550

E＝50×3×2＋50×1×1＝350

F＝50×1×4＝200

G＝50×1×4×1＝200

然后，根据 A 产品的主生产计划和提前期信息，可以推出 B 零件的需求量计划，具体见表 6—2—2。

表 6—2—2　　B 零件的需求量计划

周次	1	2	3	4	5
需求量（件）	15	30	60	75	0

再由此计算 B 零件的 MRP 物料需求计划：

提前期＝2 周，现有库存＝80，

安全库存＝0，订货方式为按实际净需求量（LFL）订货，见表 6—2—3。

表 6—2—3

订货表（1）

件

周次		1	2	3	4	5
需求量		15	30	60	75	0
计划入库		0	0	40	0	0
可用库存	80	65	35	15	0	0
净需求量		0	0	0	60	0
计划收到订货		0	0	0	60	0
计划下订单		0	60	0	0	0

最后，更正的 B 零件的 MRP 物料需求计划：

提前期＝2 周，现有库存＝80，

安全库存＝10，订货方式为固定批量（每 50 件为一个订货单位），见表 6—2—4。

表 6—2—4

订货表（2）

件

周次		1	2	3	4	5
需求量		15	30	60	75	0
计划入库		0	0	40	0	0
可用库存	70	55	25	5	0	30
净需求量		0	0	0	70	0
计划收到订货		0	0	0	100	0
计划下订单		0	100	0	0	0

技能训练

MRP 计划编制

背景资料

×××学院拟为各教学单位教师改善办公条件，初步计划为每位坐班教师配备一台计算机，为每个办公室配备一台公用计算机，为坐班教师办公室配备打印机、传真机、复印机各一台，为其他办公室各配备打印机一台，其余办公设备，按需购买。

一、训练目的

掌握 MRP 的基本原理，对 MRP 采购有深刻的认识。

二、训练步骤

1. 以 6～8 人为一组，选出组长一名。

2. 给出数据和问题：因为学院经费紧张，所以前期每组调查的教学单位采购计划及预算中所需的计算机，均以购买零配件、自己组装的方式购置。

3. 学习物料结构文件图的画法。

4. 分阶层编制 MRP 计划表。

5. MRP 表计算完毕后，据此生成明细采购计划和明细组装计划。

三、评分标准

1. 物料结构文件图是否完整（40 分）。

2. 编制的 MRP 计划表是否全面（30 分）。

3. 生成明细采购计划和明细组装计划是否合理（30 分）。

思考与练习

一、选择题

1. 基于 MRP 的依据是（　　）。

A. 主生产计划（MPS）　　B. 物料清单（BOM）

C. 库存信息　　D. 生产能力

2. 电子化采购的优势是（　　）。

A. 降低成本　　B. 增加交易的透明度

C. 实现低库存　　D. 更大范围选择供应商

二、判断题

1. 电子化采购对比传统采购优势明显，所以最终将彻底取代传统采购。（　　）

2. MRP 是制定 MPS 的基础。（　　）

三、简答题

1. 电子化采购有几种方式？

2. 试述 BOM 表的作用。